Christoph Benke

Mit Gott an einem Tisch

Christoph Benke

Mit Gott an einem Tisch

Kommunion als Leitmotiv christlicher Spiritualität

Tyrolia-Verlag · Innsbruck-Wien

Mitglied der Verlagsgruppe »engagement«

Bibliografische Information Der Deutschen Nationalbibliothek
Die Deutsche Nationalbibliothek verzeichnet diese Publikation in der Deutschen Nationalbibliografie; detaillierte bibliografische Daten sind im Internet über http://dnb.d-nb.de abrufbar.

2013

Umschlaggestaltung: stadthaus 38, Innsbruck
Layout und digitale Gestaltung: Tyrolia-Verlag
Druck und Bindung: Alcione, Lavis (I)
ISBN 978-3-7022-3286-3 (*gedrucktes Buch*)
ISBN 978-3-7022-3306-8 (*E-Book*)
E-Mail: buchverlag@tyrolia.at
Internet: www.tyrolia-verlag.at

INHALT

1.

KOMMUNION »UNTER VIELERLEI GESTALTEN«

Welche Erinnerungen an Ihre Erstkommunion haben Sie gespeichert? Viele verbinden mit Erstkommunion das Hineinwachsen in eine Gemeinschaft; eine lange Vorbereitung mit anregenden oder langweiligen Gruppenstunden; ein erstes Kennenlernen der Bibel, des Kirchenraumes und der heiligen Messe; die Generalprobe am Vortag des Festes (das pastorale Personal war sehr gereizt); am Festtag schließlich ein Mix aus Aufregung, Freude und Ängsten; nach der Feier eine festliche Jause mit Fototermin; insgesamt ein schöner, heiterer Tag. Oder verlief der Tag unglücklich und endete in einem Familiendrama? Möglich, dass gar keine Erinnerungen da sind, weil der Tag innerlich in weite Ferne gerückt ist oder weil Sie nicht getauft sind.

Bei »Kommunion« denken Katholiken gewöhnlich an das Sakrament der Eucharistie, besonders an dessen ersten Empfang. Allerdings: Menschen, denen dieses Umfeld fremd ist, kommunizieren dennoch. Sie tun dies, weil sie gar nicht anders können, nämlich anderen Menschen in der Welt zu begegnen, Beziehungen einzugehen und diese zu kultivieren, Gemeinschaft zu schaffen. Der Mensch ist, so sagt es das christliche Menschenbild, von Gott dazu geschaffen, zu kommunizieren. Das Wort »Kommunion« kann also auch umfassender gebraucht werden. Hier liegt der Ansatzpunkt dieses Buches. Der Begriff »Kommunion« taugt sogar als Schlüsselbegriff christlicher Spiritualität. Jeder Mensch ist zu einer heiligen Kommunion, nämlich zur vollen Gemeinschaft mit dem dreieinigen Gott berufen. Diese Gemeinschaft findet in der sakramentalen, eucharistischen Kommunion

– »heilige Kommunion« im engeren Sinn – einen Vorentwurf. Die sakramentale Kommunion wiederum hat sich im alltäglichen Einsatz für die Gemeinschaft in Gesellschaft und Kirche zu bewahrheiten.
Um dies zu entfalten, lesen wir zunächst in den Zeichen der Zeit. Menschen legen heute mehr als früher Wert auf ihre Individualität, und dies zu Recht. Zugleich empfinden es viele als entscheidend, Mitglied – wenn auch anonymes – einer *Community* zu sein. So gibt es in westlichen Gesellschaften derzeit beides: Tendenzen zum Individualismus ebenso wie neue und alte Formen von Gemeinschaft.

INDIVIDUALISMUS UND REALE EINSAMKEIT

Individualismus ist ein Merkmal unserer Zeit. Soziologen belegen, dass in unseren spätmodernen Gesellschaften der Individualismus besonders stark ausgeprägt ist. Dagegen gibt es berechtigte politische und christlich-kirchliche Kritik. Aber zunächst ist das Gute daran zu sehen. Denn diese Tendenz unterstreicht etwas, was dem christlichen Menschenbild immer schon wichtig ist: Der einzelne Mensch, das Individuum ist in seinem Stehen vor Gott unvertretbar. Neben der biblischen Tradition war es nicht zuletzt Ignatius von Loyola, der am Beginn der Neuzeit diverse philosophisch-theologische Entwicklungen spirituell auf den Punkt brachte, indem er pointiert nach dem Willen Gottes »für mich« fragte. In der Freiheit des Individuums liegt viel politischer Sprengstoff. Es liegt auf der Hand, dass totalitäre Systeme schon im Ansatz versuchen, das Individuum zu schwächen.

Die zunehmende Individualisierung führte dazu, dass Herkunft und Milieu immer weniger die persönliche Identität bestimmen. Dies wird einerseits als Freiheitsgewinn erlebt. Anderseits ist das mit Heimatverlust verbunden. Damit steigt der Druck, sich zu definieren. Auf diesen Bedarf antwortet, um ein Beispiel zu nennen, die boomende Tattoo-Szene. Sie liefert Vorlagen für die – ganz individuelle – Selbstinszenierung (und gliedert damit wieder in eine Community ein).

Aber alle »Ismen« haben ihre Kehrseite. Ungebremster Individualismus führt in die Vereinzelung. Ob auf privater, beruflicher oder wirtschaftlicher Ebene: Wenn nur mehr »Ich-AGs« ihre Egoismen durchsetzen, zerfällt der gesellschaftliche Zusammenhalt. Solidarität ist nur möglich, wenn das »Ich« dem »Du« und dem »Wir« Raum lässt. Nicht zuletzt: Vereinzelung bedeutet Einsamkeit. Damit sind hier nicht die positiven Aspekte von Einsamkeit und deren spirituelle Früchte gemeint. Es geht um das Lebensgefühl, das der Gelähmte am Teich von Betesda so ausdrückt: »Herr, ich habe keinen Menschen« (Joh 5,7). Freundschaften, Beziehungen und Partnerschaften sind generell fragiler geworden. Die Suche nach einem Lebenspartner muss keineswegs glücken.[1] Viele gehen mit dem Eindruck durchs Leben, nirgendwo einen Ort zu haben, d. h. wenigstens einen Menschen, dem man sich anvertrauen und mit dem man gut sprechen kann. Das Internet kann hier viel bewirken und Menschen real miteinander vernetzen – oder die Einsamkeit nach dem Chat noch drückender erleben lassen ... Neben individualistischen Tendenzen gibt es gegenwärtig eine Reihe von Phänomenen, die in die andere Richtung zeigen: Sie führen das Individuum über sich hinaus – zum Du, in die Gruppe, in den engeren Zusammenhalt.

NEUE UND ALTE FORMEN VON GEMEINSCHAFT

Stichwort Internet: Die neuen sozialen Netzwerke (Facebook, Twitter etc.) ermöglichen Aufnahme in eine – wenn auch virtuelle – Gemeinschaft. Damit kommen sie einem elementaren Bedürfnis des Menschen entgegen, dies begründet ihren rasanten Aufstieg. Wer will nicht »Freunde haben«, eingebettet sein in einen stetig wachsenden Kreis liebevoller Menschen? Hier geschieht blitzschnell kommunikative Vernetzung, die der Information, der politischen Befreiung (»Arabischer Frühling«) – und fallweise dem Mobbing dient. Bei aller Virtualität, die auch Illusion sein kann und bei aller Unverbindlichkeit: Nicht selten finden Menschen auf diesem Weg einen Weg zueinander.
In der jüngsten Vergangenheit war am Beispiel »Stuttgarter Bahnhof« abzulesen, dass der Widerstand einen-

de Kraft hat. Der Kampf gegen ein ungeliebtes Projekt führte mitteleuropäische Individualisten zusammen. Die Empörung hatte man gemeinsam. Die Gegnerschaft schuf Gemeinschaft; Alter, Geschlecht, Beruf, Religion, Konfession, selbst politische Einstellung traten für eine Weile in den Hintergrund.

Ferner: Hat nicht der Sport immer noch erstaunliche gemeinschaftsfördernde Kraft? Ob Olympiade oder Fußball-Champions-League, sportliches Kräftemessen hat seit der Antike seinen Ort im Stadion. Ein gefülltes Stadion, mitunter als »Hexenkessel« bezeichnet, hat etwas von einem Sakralraum. Um beim Fußball zu bleiben: Es ist heiliges Spiel mit klar umrissenen paraliturgischen Regeln, mit Schola und Chorgesang. Ein Torerfolg führt zur innigen Umarmung von Spielern und intensiviert das Wir-Gefühl bis hin zu einem mystischen Aufgehen des Einzelnen in der Masse der Fans. Hier lassen sich unschwer Ähnlichkeiten mit einem – profanisierten, versteht sich – Gottesdienst aufspüren.

Noch eine Beobachtung: Unter vielen jungen Menschen steht das gemeinsame Essen hoch im Kurs. Schon das gemeinsame Kochen im Vorfeld wird zelebriert. Dafür nimmt man sich Zeit. Gewiss: Fast Food lässt sich manchmal nicht umgehen. Aber das Bewusstsein, dass das gemeinsame Mahl mehr ist als ein zweckorientiertes Meeting zur Nahrungsaufnahme, bleibt so lebendig.

Die Beispiele, wie sich Gemeinschaft heute darstellt, ließen sich vermehren. Die Formen sind vielfältig, ob neu oder alt, ob Versuch oder altbewährtes Modell.

Ein Ergebnis ist: Der Mensch kann nicht anders, als zu kommunizieren. Er tut dies vorwiegend über das Medium der Sprache, aber darüber hinaus »unter vielerlei Gestalten«. Noch die selbstgewählte Isolation (extremer Individualismus) ist als Verweigerung von Kommunikation eine Form kommunikativen Verhaltens. Dies ist für unser Thema wichtig. Denn wenn es darum geht, christliche Spiritualität zu bestimmen, fallen hier Vorentscheidungen.

DER MENSCH GENÜGT SICH NICHT

Die biblisch-christliche Überlieferung sagt: Der Mensch ist von Gott her auf Beziehung angelegt. Der Mensch genügt sich nicht. Das Geheimnis »Mensch« lichtet sich, wenn sich der Mensch vom Anderen her und auf den Anderen hin versteht und loslässt. So gesehen ist Kommunion (im oben beschriebenen, weit gefassten Sinn) jedem Menschen eingeschrieben. Darum ist jeder Mensch rastlos auf der Suche nach gelingender Beziehung, nach Umarmung und Verschmelzung, nach Gemeinschaft. Dabei will der Mensch auch wirklich ankommen, und zwar endgültig. Bliebe tatsächlich »der Weg das Ziel«, wäre dies höllisch! Das hat Folgen für das Thema Identität und Selbstsuche: Wer sich auf Beziehung zum Du (Mitmensch, Welt, Gesellschaft, Gott) einlässt, findet sich. Wer Beziehung riskiert, gewinnt – sogar im Scheitern! Wer die Ich-AG zum Prinzip erklärt, bleibt tatsächlich allein. Darum ist festzuhalten: »Heilige Kommunion« als Grundfigur christlicher Spiritualität ermutigt zum Sich-vertrauensvoll-Loslassen auf ein Du hin. Wann immer ein Mensch es wagt, sich für ein Du zu öffnen, ist dies in der Sicht des Glaubens als Hinweis auf den Geist Gottes zu lesen, der solches ermöglicht. »Ich will ohne dich nicht leben«: Was wie ein abgeschmackter Satz eines Melodrams klingt, zählt in Wahrheit zu den Basics christlicher Spiritualität. Sie ist eine Beziehungsspiritualität. Denn, und damit kommen wir zum bleibenden Kern, Gott hat sein »Ich will ohne dich nicht leben« immer schon zum Menschen gesagt. Er sagt es immer neu.

2.

HEILIGE KOMMUNION VON GOTT UND MENSCH

An dieser Stelle müssen wir wieder auf die Wortwahl eingehen: Das Wort »Gemeinschaft« ist im Deutschen ziemlich verbraucht. Darum ziehen wir »Kommunion« (oder manchmal Communio) vor, das vom Lateinischen *communio* herkommt. Wir verwenden es zunächst im weiteren Sinn, also nicht nur sakramental. Bezugnehmend auf die Bibel und die Theologie der frühen Kirche entwickelten die Väter des II. Vatikanischen Konzils eine Communio-Theologie und Communio-Spiritualität. Darauf werden wir später eingehen. Christentum ist heilige Kommunion von Gott und Mensch.[2] »Heilig« ist die Kommunion von Gott und Mensch insofern, als die Initiative zu dieser Verbindung immer von Gott ausgeht. Gott allein ist heilig; der Mensch nur insofern, als er oder sie gnadenhaft Anteil erhält an der Heiligkeit Gottes. Wo der Mensch die Einladung Gottes zum Mit-Sein mit ihm frei annimmt, ist der Lebensraum »heiliger Kommunion« eröffnet, und zwar bereits jetzt, mitten in der Welt. Bevor wir diesen Lebensraum ausschreiten, halten wir kurz inne und bedenken, dass sich das Miteinander von Gott und Mensch stets der Initiative Gottes verdankt.

»ADAM, MENSCH, WO BIST DU?«

Christentum ist die Geschichte der Kommunion, der Communio zwischen Gott und Mensch. Der springende Punkt liegt nun darin, dass gemäß biblischer Offenbarung dic Initiative zu dieser Kommunion von Jahwe, dem Gott Israels, dem Gott Abrahams, Isaaks und Jakobs ausgeht. Das erste Wort, das Gott nach der Schöpfung zum Menschen spricht, ist die sehnsuchtsvolle Frage: *Adam, Mensch, wo bist du?* (Gen 3,9). Christliche Spiritualität lebt im Bewusstsein, dass Gott »dem Menschen gegeben hat, für ihn wirklich etwas bedeuten zu können. In Gott muss ein geheimnisvolles Verlangen nach dem Menschen sein. In den Augen des Unendlich Ewigen, des Herrn, der alles ist und besitzt, muss der Mensch sehr kostbar sein, und Er will an ihm Anteil haben« (Romano Guardini, † 1968). Hans Urs von Balthasar († 1988) formuliert pointiert: »Religion ist Welt, die Richtung auf Gott einschlägt; Christentum ist Gott, der Richtung auf Welt einschlägt, und Menschen, die, ihm glaubend, seiner Richtung folgen.«[3] »Heilige Kommunion« als Grundfigur christlicher Spiritualität erinnert an das beglückende Wissen: Gott ist initiativ. Gott ist es, der auf das Volk Israel zukommt und mit ihm Gemeinschaft haben will: »Ich lege mein Gesetz in sie hinein und schreibe es auf ihr Herz. Ich werde ihr Gott sein und sie werden mein Volk sein« (Jer 31,33). Im Zentralteil der heiligen Messe zählt die Kirche die Taten Gottes für sein Volk auf: »Immer wieder hast du den Menschen deinen Bund angeboten« (IV. Hochgebet). Gott ist ein Gott des Bundes. Um diese Kommunion ins Leben zu rufen und am Leben zu erhalten, verhält sich Gott »wie einer, der mühsame Arbeit verrichtet«. So formuliert Ignatius von Loyola († 1556) in den »Geistlichen Übungen« (EB 236). Ignatius hat in seinem Leben die Bundesinitiative Gottes mehrfach erfahren. Umso mehr beschäftigte ihn die Frage nach seiner Lebensantwort auf die Liebe Gottes. Denn Ignatius wusste sehr wohl: »Die Liebe besteht im Mitteilen von beiden Seiten« (EB 231). Da es um die Grundfigur christlicher Spiritualität geht, ist hervorzuheben: Was immer der Mensch in seiner Suche nach Gott tut (oder lässt), ist Antwort (oder verweigerte Antwort). Der christliche Glaube hat Antwortcharakter. Menschliche Schwäche und Sündhaftigkeit wird immer mit sich bringen, dass der Mensch hinter seinen Antwortmöglichkeiten zurückbleibt. Aber es gibt einen, der in seinem Leben und Sterben die Liebesantwort ganz und vorbehaltlos gegeben hat: Jesus Christus.

JESUS CHRISTUS – HEILIGE KOMMUNION VON GOTT UND MENSCH

Das Neue Testament hat für Jesus Christus viele Bilder und Namen. Paulus bezeichnet Jesus als »Ja«: »Denn Gottes Sohn Jesus Christus ... ist nicht als Ja und Nein zugleich gekommen; in ihm ist das Ja verwirklicht« (2 Kor 1,19). Das bedeutet: Jesus Christus *ist* das Ja. Jesus Christus ist in Person »heilige Kommunion«, nämlich die Vereinigung von Gott und Mensch. Als solcher hat Jesus Christus sein Ja auch »für uns« gesprochen. Sein Ja ist unser Ja. Er will uns in sein Ja mit hineinnehmen. Darauf werden wir noch zurückkommen. Vorerst müssen wir das zuletzt Gesagte noch genauer in den Blick nehmen. In den ersten Jahrhunderten des Christentums stand Jesus Christus im Zentrum des Meditierens und Denkens: Wer ist Jesus Christus? Wie ist das Zeugnis der Evangelien vom »Sohn Gottes« zu verstehen? Die Väter des Konzils von Chalkedon (451 n. Chr.) sagten es so: In Jesus Christus sind Gott und Mensch (und Welt) für immer miteinander einig geworden, und zwar »unvermischt und ungetrennt«. Wie diese Formulierung zustande kam, war eine knifflige Sache. Für unser Thema ist dies wichtig: Wenn Jesus Christus in Person die Vereinigung von Gott und Mensch ist (»heilige Kommunion« im wahrsten Sinn), dann nimmt er in seiner Person vorweg, was in jedem Menschenleben und für die ganze Welt noch aussteht und gelingen soll: die Wiedervereinigung aller Menschen mit Gott und untereinander! Jahrhunderte später werden die Väter des II. Vatikanischen Konzils auf diese Einsicht aufbauen und eine Spiritualität des Alltags eröffnen: »Denn er, der Sohn Gottes, hat sich in seiner Menschwerdung gewissermaßen mit jedem Menschen vereinigt. Mit Menschenhänden hat er gearbeitet, mit menschlichem Geist gedacht, mit einem menschlichen Willen hat er gehandelt, mit einem menschlichen Herzen geliebt« (Gaudium et spes 22). Damit rückt Jesus Christus ins Zentrum christlicher Spiritualität. Als Grundfigur »heiliger Kommunion« von Gott und Mensch ist er das Maß schlechthin. Gestalt und Inhalt sind bei ihm eins. Es geht also nicht um eine Idee, auch nicht um ein Ideal (Ideale mutieren manchmal zu unbarmherzigen Götzen, die ihre Kinder fressen). Es geht um eine Person. Christliche Spiritualität ist Beziehung zu Jesus Christus. Sie verwirklicht sich als Begegnung, und zwar in der Nachfolge Jesu. Sie ist schlicht, und ihre Echtheit liegt in der Schlichtheit.

EXKURS: CHRISTLICHE SPIRITUALITÄT IST SCHLICHT

»Schlicht«: Die einen verbinden mit diesem Wort das Ungekünstelte, Echte und Authentische. Andere können im Schlichten nur das Fade, Anspruchslose, sogar Dumpfe sehen. Man kann also durchaus geteilter Meinung sein, ob Schlichtheit als Attribut christlicher Spiritualität überhaupt passt. Gemeint ist Folgendes: Christliche Spiritualität ist Nachfolge Jesu, ist Gehen auf dem Weg, den das Evangelium weist. Maßstab ist Jesus Christus, sein Wort und Wirken. Das ist einfach, jedenfalls nicht kompliziert. Die Umsetzung kann schwierig sein, aber die Basics bleiben einfach. »Gehen« meint zunächst tatsächlich den irdischen, leiblichen Weg, der nirgendwo anders als im alltäglichen Rahmen stattfindet. Dies spricht zuallererst für die behauptete Schlichtheit. Die Geschichte des christlichen Glaubens kennt zahlreiche Modelle, die den geistlichen Weg als inneren Weg der Seele, der über viele Stufen zur Schau Gottes führt, deuten. Solche Modelle haben ihre Berechtigung. Sie bieten eine gewisse Überschaubarkeit. Sie machen sogar Mut, weil sie von einem Weiterkommen sprechen. Manches davon ist jedoch kompliziert, sogar verstiegen, jedenfalls kaum alltagstauglich.

Was finden wir bei Jesus? Bei Jesus gibt es nichts Verstiegenes. Da gibt es keine Ekstase und keine Mystik, nicht einmal einen besonderen Kultdienst. Jesus pflegt eine Liebe zur Einsamkeit, um dort im hingebenden Vertrauen zu seinem Vater zu verweilen und zu beten. Aber er lässt sich wieder stören von den Nöten der Menschen. Jesus gibt seinen Jüngern keine diffizile Einführung in das Gebetsleben samt Sitz- und Atemtechnik, sondern »nur« das Vaterunser ...

Zweifellos: Um ins Beten hineinzufinden, braucht es Leibbewusstsein. Haltung und Atem, um beim Beispiel zu bleiben, sind wichtig. Aber sie sind immer nur Mittel für die »heilige Kommunion« von Gott und Mensch. Darum ist christliche Spiritualität im Kern schlicht, aber nicht anspruchslos; einfach, aber nicht banal; klar, aber nicht undifferenziert. Entscheidend sind die Gesinnung und die Liebe, die wir hineinlegen. Für Ignatius von Loyola ist Schlichtheit sogar ein Kriterium der Unterscheidung der Geister. Als er mit seiner Skrupulosität kämpfte, merkte er im Nachhinein: Die maßlose Verfeinerung führt zu totaler Verwirrung und Unsicherheit und schließlich zu Vertrauensverlust (EB 349). Der Feind der menschlichen Natur suggeriert »Scheingründe und Spitzfindigkeiten« (EB 329).

Wenn Jesus Erwachsene auffordert, sich am Kind zu orientieren (vgl. Mk 10,13–16), hat er wohl auch diese Schlichtheit im Blick. Eine solche kann nur Ergebnis eines persönlichen Glaubensweges sein, auf dem ein

Mensch den Kinderglauben hinter sich lässt und durch alle notwendigen Infragestellungen und Krisen des Glaubens hindurch zu neuem, kindgemäßem Vertrauen gefunden hat. Es handelt sich, wenn man so will, um Naivität – aber um eine »zweite«, aufgeklärte Naivität. Die Sprache der Alten hatte dafür das Wort »Einfalt«. Niemand behauptet, dass leicht dorthin zu kommen ist! Im Gegenteil: Der Weg zur zweiten Naivität des Evangeliums ist für viele Glaubende meist verschlungen.
Kehren wir zum roten Faden unseres Gedankenganges zurück. Wir sahen die »heilige Kommunion«, die Vereinigung von Gott und Mensch in Jesus Christus verwirklicht. Er ist der Weg (Joh 14,6) zur Gemeinschaft mit Gott. Derjenige, der dies auch heute bewirkt, ist der Heilige Geist.

DER HEILIGE GEIST SCHAFFT GEMEINSCHAFT

Wie ist es möglich, 2000 Jahre nach den Ereignissen in Palästina von Nachfolge Jesu zu sprechen, und zwar als ein Beziehungsgeschehen, das durch Christus zum Vater führt, also in die »heilige Kommunion«? Es ist die Gabe des Heiligen Geistes. Er ist das verbindende Glied: Der Heilige Geist verbindet das Handeln Gottes und das Handeln des Menschen miteinander. Der Heilige Geist steht sozusagen in der Mitte: zwischen dem Handeln Gottes einerseits und der Antwort des Menschen anderseits. Er bewirkt die Antwort des Menschen auf die Einladung Gottes. So schafft er Gemeinschaft, denn »die Liebe Gottes ist ausgegossen in unsere Herzen durch den Heiligen Geist, der uns gegeben ist« (Röm 5,5). Darum singt die Kirche in einem alten Hymnus: »Du Atem Gottes, Heil'ger Geist / durchdringst die Welt mit Lebenskraft / du senkst in uns die Liebe ein, / die alle eint und göttlich macht.«

Der Heilige Geist ist die Quelle christlicher Spiritualität. Weil der Heilige Geist die Liebe Gottes ins Herz »bringt«, kann er gewissermaßen nicht anders als Gemeinschaft zu stiften. Daher ist zu betonen: Christliche Spiritualität hat von ihrer Wurzel her wesentlich mit Gemeinschaft zu tun. Sie ist *communial* verfasst. In der Geschichte des Christentums gab es Epochen, die aus heutiger Sicht individualistisch einzustufen sind und bis in die Gegenwart nachwirken. Joseph Ratzinger schreibt in seiner »Einführung ins Christentum«: »Das Programm des frühen Augustinus ‚Gott und die Seele – sonst nichts' ist unrealisierbar, es ist auch unchristlich. Religion gibt es letztlich nicht im Alleingang des Mystikers, sondern nur in der Gemeinsamkeit von Verkündigen und Hören. Gespräch des Menschen mit Gott und Gespräch der Menschen miteinander fordern und bedingen sich gegenseitig … Das Wir der Glaubenden ist nicht eine sekundäre Zutat für kleine Geister, es ist in gewissem Sinn die Sache selbst.«[4]

Aber Achtung, hier ist Vorsicht geboten! Mit Gemeinschaft ist keine abstrakte oder ideale Größe gemeint. Die Idee der Gemeinschaft bleibt blass und gleitet leicht ins Unverbindliche ab. Es ist wichtig, sofort das Kantig-Konkrete, das jedes Leben in Gemeinschaft mit sich bringt, hinzuzunehmen. Vor dem Konkreten hat sich Jesus nicht gescheut. Die innige Verbindung von Gott und Mensch ist in Jesus Christus bereits »Fleisch geworden«. Die Fleischwerdung des Wortes (vgl. Joh 1,14) ist, wie ein altkirchlicher Theologe (Tertullian, † ca. 220 n. Chr.) sagt, »die Drehachse des Heils«. Darin liegt ein wichtiges Merkmal christlicher Spiritualität: Fleischwerdung des Wortes als Angelpunkt unseres Heils bedeutet stets Konkretheit. Jesus benützte in der Einsetzung der Eucharistie etwas ganz Schlichtes und Alltägliches, nämlich Brot und Wein dazu, uns in seine heilige Kommunion mit dem Vater und in seine Hingabe hineinzunehmen. Mit der Eucharistie kommt die sakramentale, engere Bedeutung unseres Leitbegriffs »heilige Kommunion« in den Blick.

3.

EIN TISCH ALS GOTTESBILD

Die Vorgaben des Arbeitsalltags lassen vielen Menschen kaum genügend Zeit zum Essen. Oft bleibt keine andere Möglichkeit, als zu Fast Food zu greifen und hastig zu essen. Dennoch – oder gerade deswegen? – berührt der festliche Schimmer eines gemeinsamen Mahles, sei es am Sonntag oder zu besonderen Anlässen, auch religiös »Unmusikalische«. In den Religionen spielt das gemeinsame Essen meist eine wichtige Rolle. Das Christentum beansprucht sogar, im kultischen Essen und Trinken den Gipfel des religiösen Vollzugs zu erreichen. Das II. Vatikanische Konzil bezeichnet die Eucharistie als »Quelle und Höhepunkt des ganzen christlichen Lebens« (Lumen gentium 11).

DIE GASTMÄHLER JESU

Die Feier der Eucharistie ist das Gedächtnis Jesu. Wir begehen das Gedächtnis Jesu mit Essen und Trinken.[5] Ein Blick ins Evangelium macht deutlich, dass das nicht von ungefähr kommt. Dort zeigt sich Jesus oft als Tischgenosse, der sich gerne zum Mahl einladen ließ. Anders wäre der Vorwurf seiner Gegner, er sei ein »Fresser und Säufer« (Lk 7,34), nicht zu erklären. Jesus lud auch selbst ein: Er speist diejenigen, die ihm folgen, damit sie die Frohe Botschaft hören können (vgl. Mt 14,13ff.). Welche Mahlzeiten und Getränke wurden aufgetischt? Hat Jesus viel oder wenig gegessen? Das wäre interessant, aber die Evangelien berichten kaum etwas darüber. Es ging Jesus um das Mahlhalten an sich und um die Mahlgemeinschaft mit den Menschen. Jesus sah darin – wie alttestamentliche Propheten (vgl. Jes 25,6–8) – die zukünftige, vollendete Gemeinschaft mit Gott abgebildet. Deshalb thematisierte er z. B. die Tischordnung, um zu zeigen, dass im Reich Gottes ganz andere, neue Maßstäbe gelten. Deshalb aß und trank Jesus gelegentlich mit Menschen, um die man einen Bogen schlug (Kranke, Steuerpächter). Unter diesen Mählern ragte das letzte vor der Passion heraus. Hier, knapp vor seinem Leiden und Sterben, deutete Jesus sein Leben als Hingabe für alle. Nach seiner Auferstehung wird die Geste des Brotbrechens den Jüngern helfen, Jesus als Lebendigen zu erkennen (vgl. Lk 24,30–31). Das kultische Mahl wird für die Kirche und deren Selbstverständnis bald derart zentral, dass der Theologe Franz Mußner einmal formulierte: »Das Wesen des Christentums ist … miteinander essen.«

»GOTT UND MENSCH AN EINEM TISCH VEREINT«

An dieser Stelle werfen wir kurz einen Blick in das Alte Testament. Auch hier ist das Mahlhalten bedeutungsvoll. Der Bundesschluss Gottes mit seinem Volk (Ex 24,11) wird mit einem Festmahl begangen. Es ist Ausdruck besonderer Gottesbegegnung. Die Erwählung Israels zum Volk Gottes, die Befreiung aus der

ägyptischen Sklaverei und die alljährliche Gedächtnisfeier der Rettung sind ebenfalls mit einem Mahl verbunden: mit dem Paschamahl (vgl. Ex 12–13). Das schwingt mit, wenn uns Jesus seine Gegenwart im heiligen Mahl hinterlässt. Alles, was er wollte, wie er seine Sendung und seine Lebenshingabe verstand, hat Jesus in dieses Mahl hineingelegt. Es war seine testamentarische Selbstaussage. In den deutenden Worten: »Das ist mein Leib für euch« und »Dieser Kelch ist der *Neue Bund* in meinem Blut« (vgl. 1 Kor 11,24–25) ist besiegelt: Gott gibt sich für den Menschen und für die Welt hin. Darum kann auch ein Tisch als christliches Gottesbild fungieren![6]
Zur Erinnerung: In feierlichen Gottesdiensten umschreitet der Zelebrant zu Beginn den Altar und beweihräuchert ihn. Der Altar gilt in der christlichen Liturgie als Symbol für Christus. Die Lebenshingabe Jesu bleibt mit dem Tisch des Abendmahles aufs engste verknüpft. Ignatius von Loyola rät, das Letzte Abendmahl Jesu »als größtes Zeichen seiner Liebe« (EB 289) zu betrachten. Für die neu entstehende Kirche in Jerusalem war die Tischgemeinschaft der Häuser entscheidend: »Tag für Tag verharrten sie einmütig im Tempel, brachen in ihren Häusern das Brot und hielten miteinander Mahl in Freude und Einfalt des Herzens« (Apg 2,46). Alle Jahrhunderte hindurch feiert die Kirche Eucharistie. Seitdem sind wir durch Jesus nicht nur »Hausgenossen Gottes« (Eph 2,19), sondern – so dürfen wir staunend ergänzen – auch Tischgenossen Gottes! Der Text eines neuen geistlichen Liedes drückt es so aus: In der Feier

der Eucharistie ist »Gott und Mensch an einem Tisch vereint«. »Heilige Kommunion« ist Wirklichkeit und bleibend zugänglich.

EUCHARISTIE – GENETISCHER CODE VON KIRCHE

Hier müssen wir uns erneut vor Augen führen: Communio ist ein theologischer Begriff. Er entspricht dem griechischen Wort *koinonia* im Neuen Testament und bedeutet hier Teilhabe bzw. Teilgabe. Es ist ein Kernbegriff. Wollte man zusammenfassen, worin die Sendung Jesu besteht, ließe sich formulieren: Jesus hat Gemeinschaft gestiftet. Die Mitglieder dieser messianischen Gemeinschaft waren auf eine neue Weise miteinander verbunden. Was sie einte, war die Teilhabe am Leben Gottes, vermittelt durch Jesus als den Christus. Das gilt noch mehr für die Zeit nach dem Tod Jesu am Kreuz, als der gekreuzigte und auferstandene Christus seine Gemeinschaft neu zusammenführte. Die Jünger Christi spürten und wussten, sie sind nicht allein gelassen, sondern vereint in der Gemeinschaft mit Jesus Christus und untereinander – besonders durch die Eucharistie: »Ist der Kelch des Segens, über den wir den Segen sprechen, nicht Teilhabe am Blut Christi? Ist das Brot, das wir brechen, nicht Teilhabe am Leib Christi? *Ein* Brot ist es. Darum sind wir viele *ein* Leib; denn wir alle haben teil an dem einen Brot« (1 Kor 10,16–17). Einige Verse später überliefert uns Paulus den alten Bericht vom Letzten Abendmahl (1 Kor 11,23–26) und zeigt, wie es zu verstehen ist: als die sakramentale Vorwegnahme der Selbsthingabe Jesu in seinem Leiden und Tod (sog. »Paschamysterium«). Sie hat die Menschheit erlöst. Somit bedeutet Erlösung Einheit mit Christus und untereinander. All das wird präsent in der Eucharistie. Hier »entschlüsseln wir den genetischen Code der Communio, die zutiefst die Identität der Kirche ausmacht«[7]. Wann immer von Communio-Spiritualität die Rede ist, hier ist ihre Wurzel.

4.

EUCHARISTISCHE ANDACHT

»Heilige Kommunion« ist Gemeinschaft in Christus. Die an Christus glauben, finden in der Communio zusammen, weil sie an heiligen Gaben teilhaben: am Glauben, an den Sakramenten, an den Charismen, an der Liebe. Dass dieser wunderbare Zusammenhang nicht ohne Folgen bleiben darf, liegt auf der Hand. Darum ist bereits hier, noch ehe über die Kirche als Communio nachzudenken ist, der Zusammenhang von Eucharistie und Praxis (von Glaube und Leben), von Gabe und Aufgabe zu unterstreichen.

VERRAT, LITURGISCH KORREKT

Das Latein liefert für den Zusammenhang von Feier und alltäglicher Lebenspraxis einen ebenso erhellenden wie beunruhigenden Hinweis: *traditio* bedeutet »Überlieferung«, aber (je nach Zusammenhang) auch »Verrat«. Die Christen – speziell Katholiken mit ihrer häufigen Messe – müssen sich die Frage oder gleich den Vorwurf gefallen lassen: »Jahr für Jahr, Tag für Tag feiert ihr das Gedächtnis Jesu. Ändert ihr euch dadurch? Ist die Welt dadurch besser geworden?« Offensichtlich erwecken zu wenige Christen nach außen hin den Anschein, dass die heilige Messe ihr Leben erreicht und prägt. Dazu kommt, dass heute (nach innen hin) das ganze Feld des Liturgischen Stoff für heiße Debatten liefert. Manche legen wieder viel Wert auf liturgische Korrektheit. Das ist erklärbar, weil es in den letzten Jahren in diesem

Bereich viel Wildwuchs und Willkür gab. Und doch ist mit Meinrad Dufner zu fragen: »Wie leicht schiebt sich zwischen das Herz und den lebendigen Gott der Götze meines Gottesdienstes, der Götze liturgischer Korrektheit, auch der Götze narzisstischen Ästhetizismus. Wer diesem Götzen nicht huldigt, verfällt dem Interdikt der nicht Rechtgläubigen, des Laxen, des Gottverächters.« Das andere Extrem ist freilich um nichts besser: »Alles ist auf kommunikative Wirkung und Anerkennung ausgerichtet. Alles muss interessant und als Event wahrgenommen werden. Solche Liturgen verfallen derselben Versuchung, sich mit ihrem Tun zu überschätzen.«[8] Ob liturgisch korrekt oder inkorrekt – hier wird Eucharistie »überliefert«, aber »verraten«.

Schwerer wiegt jedoch der Eindruck, dass die Feier der Eucharistie auf das Leben der Mitfeiernden keine Auswirkung hat. Es ist das Gespür, dass da »etwas nicht passt«. Darin liegt ja auch eine Erwartung! Warum werden gerade diejenigen, die häufig an der Feier teilnehmen, so selten als liebevolle und gemeinschaftsdienliche Menschen wahrgenommen? Anders gesagt: Der häufigste Verrat an der Eucharistie ist, nicht danach zu leben. Paulus war zutiefst erschüttert, als er erfuhr, welche Benachteiligung der Armen und Mangel an gegenseitiger Liebe in Korinth gang und gäbe war – und zwar gerade im Zusammenhang der Eucharistie (1 Kor 11,17–34). Nun: Mängel zu benennen, ist wichtig, aber zu wenig. Darum stellen wir die Frage: Was bedeutet es, aus der Eucharistie zu leben?

EUCHARISTISCHE MENSCHEN WERDEN

Zunächst: Es ist ein Weg, ein geistlicher Weg. Diese Feststellung mag banal erscheinen. Aber das Bild des Weges beinhaltet Momente wie Aufbruch, Gehen, Mutlosigkeit, Geduld, Fortschritt und Stagnation etc. Die Bereitschaft, einen geistlichen Weg zu gehen, bedeutet Arbeit an sich selbst und – viel wichtiger – nach und nach ein Gespür für die Arbeit Gottes in sich zu entwickeln. Das Ziel ist eine von Verlangen beseelte Passivität. In dieser Haltung ist der Glaubende bereit, sich vom Heiligen Geist zu einem eucharistischen Menschen transformieren zu lassen. Auf welches Ziel hin? Unter den möglichen Antworten greifen wir zwei heraus:

Leben aus der Eucharistie bedeutet (1), sich zu einem dankbaren Menschen wandeln zu lassen. Die Eucharistie ist ja der Dank schlechthin. Hier singt das Volk Gottes das große Lob- und Dankgebet. Wo der Mensch zur Haltung der Dankbarkeit findet, findet er sich, nämlich als das, was er ist: Geschöpf. Wo der Mensch Gott dankt, dort wird es stimmig zwischen Gott und Mensch. Rufen Sie sich einen Menschen ins Gedächtnis, dem Sie das Adelsprädikat »dankbar« geben würden: Geht von ihm nicht Segen und Licht aus?

Jesus Christus lebte ein »Leben-für«: für seinen Vater, für die Menschen, für die Sammlung des Volkes Gottes. Heinz Schürmann († 1999) fand für diese Haltung der Hingabe das schöne Wort *Proexistenz*. Jesu Hingabe wird im Brotbrechen für uns zugänglich: »Das ist mein Leib für euch«. Von daher bedeutet Leben aus der Eucharis-

tie (2), sich zu einem »Brot-Menschen« wandeln zu lassen; zu jemandem, der Brot ist für andere. Genießbare Menschen – davon gibt es immer zu wenige …
Wie gesagt: Es handelt sich um einen Wandlungsweg. Darum werden die Angst um sich, die Sorge des Zu-kurz-Kommens, die Balance von Zuviel und Zuwenig nicht nur einmal Thema sein. Jedenfalls ist mit Brot-Mensch beileibe keine »Opferseele« gemeint, die immer zur Stelle ist und in ihrer Unterwürfigkeit mehr oder weniger subtil Macht ausübt. Anders gesagt: Ich ehre die Eucharistie, indem ich ernsthaft dran bleibe, aus ihr zu leben. Die Grundfigur christlicher Spiritualität entsteht ja aus der Fleischwerdung des Wortes (»Drehachse des Heils«). Konkretheit ist ihr wesentlich. Darin wächst Verstehen.

EUCHARISTIE »VERSTEHEN«

»Gott und Mensch an einem Tisch vereint«: Niemand wird ernsthaft behaupten können, dass er das begreifen kann. Und doch ist jeder Christ daran interessiert, dieses Geschehen gedanklich nachzuvollziehen und im Raum dieses Geheimnisses heimisch zu werden. Die zugehörige Literatur, über Jahrhunderte gewachsen, füllt Bibliotheken. Wo sie mit gesunder Theologie einhergeht, kann sie den Zugang zur Eucharistie stützen. Zeitbedingte Einseitigkeiten sind gelegentlich kaum zu vermeiden. Jedenfalls hilft die »Andacht zur Eucharistie«

(im engeren Sinn, d. h. Liturgietheologie, eucharistische Anbetung, Betrachtung, geistliche Lesung etc.) zu realisieren, was die liturgische Feier in ihrer Dichte beinhaltet. Entscheidend wäre es dann, auch darüber hinaus andächtig zu bleiben! Jerónimo Nadal SJ († 1580), die rechte Hand des Ignatius, notiert in sein geistliches Merkbuch: »Ich will nicht, dass du bloß ein geistlicher und andächtiger Mensch bist, wenn du die Messe feierst oder dich dem Gebet widmest. Vielmehr sollst du auch ein andächtiger und geistlicher Mensch sein in der Arbeit, damit die ganze Kraft des Geistes und der Gnade in den Werken zum Leuchten kommt.«[9]

Kurz: Alle »Andacht zur Eucharistie« hat nur dann Wert, wenn sie nicht innerlich-privat bleibt. Die eucharistische Kommunion muss aus der Enge des Ichs zum Du des Mitmenschen und in die Welt hinausführen, um sich dort auf irgendeine Weise für ein neues Miteinander einzusetzen. In der so verstandenen »Andacht zur Eucharistie« kommt das zum Tragen, was christliche Spiritualität generell ausmacht: »Einer trage des anderen Last« (Gal 6,2).

Damit soll gesagt sein: Die Zeit *nach* der heiligen Messe ist ebenso bedeutsam wie der bewusst-andächtige Mitvollzug. An der Fähigkeit und am Willen zur Hingabe misst sich der Wert der Feier, insbesondere des Kommunionempfangs. »Andacht« ist also weit zu fassen: Ich begegne dem Sakrament der Eucharistie andächtig, wenn ich versuche, das liturgische Geschehen möglichst bewusst mit zu vollziehen; noch mehr, wenn ich darauf achte, wie ich anderen begegne, über sie spre-

che und generell gemeinschaftlich agiere. Warum gibt es so häufig Klagen über die Geschlossenheit christlicher Gemeinschaften? Heilige Kommunion, die Begegnung mit Christus passiert im eigenen Herzen, gewiss, aber sie hat sich erst im Leben für die Mitmenschen und für die Welt zu bewähren. Es gilt also: Wann immer ich mich, ob im Kleinen (alltägliches Umfeld) oder im Großen (Gesellschaft, Kirche, Einsatz für Gerechtigkeit) für Communio einsetze, halte ich eine »Andacht zur Eucharistie«. Eucharistie muss folgenreich sein. Ich ehre die Eucharistie, wenn ich aus ihr lebe.
Solches praktisch-alltägliche Einander-Dienen im Geist Jesu ordnet den Menschen auf die Haltung Jesu – auf das »Für« – hin. Daraus wächst nach und nach ein tieferes Verstehen der Eucharistie. Die Praxis führt wiederum zurück ins Verstehen. Der Glaubende wird so viel vom Geschenk der Eucharistie mitnehmen können, als er (derzeit) im Leben nachvollziehen kann oder will. Für Ignatius von Loyola bestand Andacht in der »Leichtigkeit, Gott zu finden«. Wer aus der Feier der Hingabe Jesu leben und sie konkret umsetzen will, wird sie nach und nach andächtiger mitfeiern.

5.

»EIN CHRIST ALLEIN IST KEIN CHRIST«

Halten wir uns den roten Faden unseres Themas vor Augen: »Heilige Kommunion« ist eine Grundfigur christlicher Spiritualität. Gott geht auf den Menschen zu. Er hat uns in Jesus Christus Anteil (Communio) an sich geschenkt, endgültig. Gott hat seine Selbst-Gabe an eine Gemeinschaft von Menschen gebunden. Es ist also von der Kirche zu reden.

KIRCHE ALS COMMUNIO

Jesus hat Gemeinschaft gestiftet. Er wollte das in Gruppen und Parteien zersplitterte Volk Israel sammeln, um es neu Gott zuzuführen. In diesem communialen, verbindenden Tun Jesu ist Kirche und ihr Auftrag vorgezeichnet. Kirche als Gemeinschaft der Glaubenden ist daher »in Christus gleichsam das Sakrament bzw. Zeichen und Werkzeug für die innigste Vereinigung mit Gott und für die Einheit des ganzen Menschengeschlechts« (Lumen gentium 1). Die Kirche hat eine Aufgabe: Sie soll dem Zusammenfinden von Gott und Mensch wie jenem von Mensch und Mensch dienen. Kirche ist dort, wo etwas für die Einheit mit Gott und die Einheit der Menschheit geschieht. Ab und zu hat Kirche diese Selbstvergewisserung nötig: Sie ist nicht Selbstzweck, sondern Instrument. Ihre Sache ist es, der »innigsten Vereinigung« von Gott und Mensch den Boden zu bereiten und sie zeichenhaft darzustellen. Daraus ergibt sich für christliche Spiritualität: So wie Kirche hat sie dienende Funktion, ist nicht Selbstzweck. Sie soll in das Geheimnis Gottes hineinführen. Christliche Spiritualität ist hingeordnet auf Communio.

EHRFURCHT VOR DER VERSCHIEDENHEIT

Diese geistliche Vision hat eine Quelle. Sie entstammt einer Besinnung auf die Dreieinigkeit Gottes. Denn Ursprung und Ziel menschlichen Heils ist eine Gemeinschaft! Das Christentum glaubt: Gott ist engste Gemeinschaft der Liebe dreier Personen. Gott ist Einer als Communio. Und weiter: In diesem göttlichen Beziehungsnetz hat der Mensch Platz. Gott gewährt dem Menschen Raum in sich, in der Communio der Liebe.

Bereits die herkömmlichen Bezeichnungen »Dreieinigkeit« und »Dreifaltigkeit« lassen erkennen, wie sehr in Gott beides, Einheit und Vielfalt, daheim ist. Die Kunst wird also darin bestehen, in der Kirche und im Dienst an der Communio beides zur Geltung zu bringen, also die Leidenschaft für die Einheit mit Ehrfurcht vor der Verschiedenheit zu verknüpfen. Der 1996 ermordete Prior des Trappistenklosters von Tibhirine (Algerien), P. Christian de Chergé OCSO, weist in seinem Testament auf das Wirken des Heiligen Geistes hin, »dessen geheime Freude es immer ist, Gemeinschaft zu schaffen und die Ähnlichkeit wiederherzustellen, indem er mit den Unterschieden spielt«[10]. In der Gemeinschaft der göttlichen Liebe »sorgt« der Geist für die Verschiedenheit. Zugegeben: Unterschiedlichkeit kann sehr anstrengend sein! Wer für eine Gemeinschaft mit-verantwortlich ist, weiß das. Aber der Blick auf das Geheimnis der Dreifaltigkeit ermöglicht, Unterschiedlichkeit als möglichen Ort des Heiligen Geistes zu bejahen. Das »Spiel mit den Unterschieden« ist ja nur dort konstruktiv, wo es weiß, dass Einheit letztlich von Gott stammt und nur in Gott wiedergefunden werden kann.

COMMUNIO IM FRAGMENT

Jede Rede von Spiritualität und besonders jene über Kirche als Communio ist in Gefahr, abzuheben und reale Verhältnisse des Unheils schönzureden. Die Bibel ist nüchtern und erzählt viel von konkreten Schwierigkeiten, die der Communio drohen, und zwar von innen. Die Gemeinschaft Gottes unter den Bedingungen dieser Welt ist nicht konfliktfrei, ist auch von Sünde und Schuld bedroht. Spiritualität und Gemeinschaft gibt es jeweils nie an sich, sondern immer nur konkret. Was immer »meine« Gemeinschaft ist, sie wird immer kleiner und enger sein als das, was ich wünsche. Sich damit auseinanderzusetzen, kostet viel. Aber dieser Umstand hat auch etwas Gutes. Wer nicht eine konkrete Gemeinschaft samt ihrer Einseitigkeit riskiert, bleibt im Niemandsland der abstrakten Möglichkeiten. Augustinus († 430) sprach in diesem Zusammenhang von der Kirche als »gemischter Gesellschaft« (*societas permixta*). Andere Theologen der frühen Kirche bezogen einen Vers aus dem alttestamentlichen Hohelied (1,5: Die Braut sagt über sich selbst, sie sei »schwarz, aber schön«) auf die Kirche und deuteten ihn so: Die Kirche ist »schwarz«, nämlich in ihren Gliedern sündig; aber sie ist auch »schön«, weil sie durch Gottes Gnade immer wieder geheiligt wird.[11]

Die konkrete Kirche ist eine Gemeinschaft von konkreten Menschen und als solche unter den Bedingungen dieser Welt notwendig fragmentarisch. Sie ist nicht Reich Gottes, nicht Kirche der Reinen. »Die Kirche ist«, wie der Psychoanalytiker Albert Görres ausführt, »wie die Sonne, für alle da. Für Gerechte und Ungerechte, Sympathen und Unsympathen, Dumme und Gescheite; für Sentimentale ebenso wie Unterkühlte, für Neurotiker, Psychopathen, Sonderlinge, für Heuchler und solche wie Natanael, ‚an denen kein Falsch ist‘ (Joh 1,47); für Feiglinge und Helden, Großherzige und Kleinliche. Für zwanghafte Legalisten, hysterisch Verwahrloste, Infantile, Süchtige und Perverse. Auch für kopf- und herzlose Bürokraten, für Fanatiker und auch für eine Minderheit von gesunden, ausgeglichenen, reifen, seelisch und geistig begabten, liebesfähigen Naturen. Die lange Liste ist nötig, um klarzumachen, was man eigentlich von einer Kirche, die aus allen Menschensorten ohne Ansehen der Person, von den Gassen und Zäunen wie wahllos zusammengerufen ist und deren Führungspersonal aus diesem bunten Vorrat stammt, erwarten kann – wenn nicht ständig Wunder der Verzauberung stattfinden, die uns niemand versprochen hat. Heilige, Erleuchtete und Leuchtende sind uns versprochen. Wer sie sucht, kann sie finden. Wer sie nicht sucht, wird sie nicht einmal entdecken, wenn sie jahrelang neben ihm gehen, weil er sie vielleicht nicht wahrhaben will oder kann … Der immer und überall in ihr [= der Kirche] anwesende Geist ist ein verborgener Gott, Latens Deitas, sagt Thomas von Aquin, Deus absconditus, sagt Luther. Ein Gott, der sich zeigt, wann und wem er will. Er preist die selig, die nicht sehen und doch glauben. Sie brauchen keine strahlende Kirche, weil sie den Glanz des Heiligen auch durch rußgeschwärzte Scheiben wahrnehmen. Sie sind auch frei von der verbreiteten Neigung, den verdrängten Haß auf den quälenden Jesus Christus auf die Kirche zu verschieben.«[12]

Fassen wir zusammen: Unser Vorhaben ist, »heilige Kommunion« als Leitmotiv christlicher Spiritualität durchzubuchstabieren. Ursprung ist Gott, und Gott ist die Liebe (1 Joh 4,8). Gott ist in sich Communio, Gemeinschaft liebender Personen. Beharrlich lädt er den Menschen ein, sich auf die Gemeinschaft mit sich einzulassen. Jesus Christus ist die letzte Einladung Gottes an die Menschen und zugleich der Weg in die Communio. Dieser Weg findet sich fortgesetzt in der Kirche, denn »ein Christ allein ist kein Christ« (Tertullian). Die Kirche versteht sich als Werkzeug zur Einheit mit Gott.

»Einheit mit Gott«: Suchten nicht zu allen Zeiten und in allen Religionen Menschen die Erfahrung dieser Einheit mit Gott oder dem Göttlichen, dem Absoluten? Gott erfahren, das verweist auf das Thema Mystik. Lässt sich christliche Mystik mit »heiliger Kommunion« in Verbindung bringen? Wie ist hier Communio zu verstehen?

6.

MYSTIK – HEILIGE KOMMUNION?

Der ehemalige Generalobere des Jesuitenordens Hans Peter Kolvenbach erzählte, dass der »Pilgerbericht«, die Autobiographie des Ignatius von Loyola, in seiner Ausbildungszeit wegen »mystischer Tendenzen« auf dem internen Index des Noviziats stand. Davon kann heute keine Rede mehr sein. Als historische Anekdote ruft Kolvenbachs Erinnerung ein Lächeln hervor; als Momentaufnahme offenbart sie, wie grundlegend sich die Szene seither gewandelt hat. Längst ist das Gegenteil der Fall, die Konjunktur von Mystik seit über 50 Jahren ungebrochen. Dabei ist offen, ob hinter der Sehnsucht nach Mystik eine Sehnsucht nach Gott oder die Suche nach drogenartigen Sondererfahrungen steht, die einer trockenen geistlichen Gemütslage aufhelfen sollen.

Das Fragezeichen der Kapitelüberschrift lässt ahnen, dass wir schwieriges Terrain betreten. Heute gelten Grenzgänge stillschweigend als das Normative. Grenzgänge und Grenzüberschreitungen muss es geben. Sie sind spannend! Aber wer sich darauf einlässt, sollte wissen, was er tut. Grenzgänge entwickeln sich produktiv, wenn das eigene Terrain bekannt ist. Andernfalls enden sie in Konfusion und werden destruktiv. Aus der Fülle möglicher Zugänge wählen wir nur drei Aspekte, um christliche Mystik näher zu bestimmen. »Heilige Kommunion« bleibt dabei unser Leitbegriff. Blicken wir zunächst auf Jesus.

JESUS – EIN MYSTIKER?

Bei Jesus findet sich nichts, was heute unter Spiritualität und Mystik läuft: keine Ekstase, keine »Peak-Experience«, keine Selbsterfahrung, kein diffuser Zustand, Wellness schon gar nicht. Das hängt u. a. damit zusammen, dass Jesus Jude war. Er lebte aus der jüdischen Spiritualität des Wortes. Die (für heidnische Spiritualität so bedeutsame) Verbindung mit dem Göttlichen war ihm fremd. Die Evangelien zeigen einen Jesus, der immer in der Haltung des Gebetes lebte. Jesus war ganz auf den Liebeswillen des Vaters fokussiert. Die Verwirklichung dieses Liebeswillens Gottes war »die Speise«, von der und für die er lebte (vgl. Joh 4,34). Zwischendurch zog er sich zurück, um zu beten (z. B. Lk 5,16). Was davon »nach außen« drang und den Jüngern auffiel, war Jesu kindliches Vertrauen auf seinen Vater (»Abba«).

Den Jüngern schärft Jesus ein: Gott sieht ins Verborgene, in das Herz des Menschen (z. B. Mt 6,6). Es soll bereit zur Umkehr, offen und demütig sein. Jesus betont den Glauben, nicht die Erfahrung. Im Letzten (im Gericht) wird nicht entscheiden, was jemand Großes erfahren und erlebt, sondern was jemand (an Gutem) getan hat: »Was ihr für einen meiner geringsten Brüder getan habt, das habt ihr mir getan« (Mt 25,40). Allein dieser Bibelvers entlastet vor dem in manchen Gebetskreisen subtil wirksamen Druck: »Du musst etwas Besonderes erfahren (haben) und darüber musst du Zeugnis geben …«

Bereits hier wird deutlich: Die neutestamentlichen Schriften behandeln das Thema Mystik eher zwischen den Zeilen, nicht ausdrücklich. Dazu zählen etwa jene Texte, in denen es um die äußeren oder inneren Sinne des Menschen geht. Das Leben im Glauben bringt eine neue Wahrnehmung mit sich. Der Mensch des Glaubens sieht »mit den Augen des Herzens« (Eph 1,18). Ein hartes Herz kann seine sinnliche Möglichkeiten noch nicht ausschöpfen: »Deshalb rede ich zu ihnen in Gleichnissen, weil sie sehen und doch nicht sehen, weil sie hören und doch nicht hören und nichts verstehen«, klagt Jesus (Mt 13,13). Die breite Verwendung von Gleichnissen in der Verkündigung Jesu weist zudem auf jenes Sprachproblem hin, an dem sich jede Rede von Gott, so auch die mystische Rede abarbeitet: Das Geheimnis Gottes ist nicht fassbar in Begriffen. Dafür ist Gott zu »groß«. Die Hilfe, auf die sich alle Getauften berufen dürfen, ist der Heilige Geist: Er überwindet die Kluft des Sprachvermögens und tritt »mit Seufzen, das wir nicht in Worte fassen können« (Röm 8,26) für uns ein. Für unser Thema ergibt sich: Jesuanische Sichtweisen müssten in einer mystischen Deutung »heiliger Kommunion« erkennbar bleiben. Mystische Sehnsucht richtet sich in der Bibel nicht auf einen diffusen Zustand, sondern auf eine Person.

»KOMMUNION DURCH DIE MINDERUNG«

Die vorhin erwähnte Popularität von Mystik suggeriert, dass es eine »Mystik light und für alle« gibt. Aus christlicher Sicht ist daran etwas Wahres: Mystik lebt davon, dass der Mensch (so er ganz auf Gott bezogen und ganz für Gott offen ist) in seinem Kern als Person von Gott anrührbar ist: »Gott hat an allen Dingen genug, nur allein die Berührung der Seelen wird ihm nie genug«[13] (Mechtild von Magdeburg, † 1282). Alle sind dazu berufen, sich von Gott auf höchst intensive Weise berühren zu lassen. Aber damit ist die »Light-Version« gerade nicht mit inbegriffen. Könnte es nicht sein, dass unsere Sehnsucht nach Mystik im Letzten uns selbst meint? Dass sie primär auf unsere Bedürfnisse zielt?

Eine »Unterscheidung der Geister« ist notwendig. Sie hilft, die Motive zu klären und zu reinigen. Der Glaube an Jesus Christus erinnert: »Wer das Leben gewinnen will, wird es verlieren; wer aber das Leben um meinetwillen verliert, wird es gewinnen« (Mt 10,39). Ein populäres Verständnis von Mystik ist fasziniert von Fortschritten im Gebetsbewusstsein oder besonderen inneren Erfahrungen. Aber nicht zu verschweigen sind die Voraussetzungen, vor allem die Befreiung vom Egoismus. Paulus spricht vom »alten Menschen« (Röm 5,12–6,14). Der »alte«, ausschließlich ichbezogene Mensch muss sterben, damit sich neues, reicheres Leben entfalten kann. Dieser schmerzhafte Pro-

zess hat ein Echo in der eigenen Gefühlswelt. Auch lassen die klassischen Metaphern mystischer Sprache wie »mystischer Tod« oder »Dunkle Nacht« erahnen, dass das Äußerste auf dem Spiel steht. Es geht um nichts weniger als um Sterben und Auferstehen. Mit »Mystik light« ist da nichts zu holen.
Pierre Teilhard de Chardin SJ († 1955) war Priester und Paläontologe. In beiden Professionen war er davon fasziniert, die Liebe zu Gott und zur Welt zusammenzubringen. Teilhard wollte alles Lebensmindernde (Alter, Krankheit, Tod) als etwas lesen lernen, was zur Begegnung mit Gott verhilft oder diese vorbereitet. Er nannte es »Kommunion durch die Minderung« und betete: »Gib, dass ich, nachdem ich die Freude entdeckt habe, alles Wachsen zu nutzen, um Dich in mir größer zu machen oder um Dich in mir größer werden zu lassen, ohne Verwirrung zu dieser letzten Phase der Kommunion gelange, in deren Verlauf ich Dich besitzen werde, indem ich in Dir abnehme.«[14] Hinter dieser Bitte steht, neben dem paulinischen Kampf gegen die Selbstüberschätzung, die Devise seines Ordensvaters Ignatius »Gott suchen und finden in allen Dingen«. Christliche Spiritualität ist nicht Leid-verliebt, sondern Leid-sensibel. Sie benennt, was jedem Menschen passiert und bietet ein gläubiges Deutungsmuster an. Dabei behält sie die Berufung des Menschen zur »heiligen Kommunion« im Blick.
Der dritte Gesichtspunkt, den wir auswählen, ist der Folgende: Was meint christliche Mystik, wenn sie von »Einheit« mit Gott spricht?

EINHEIT – ABER WELCHE?

»Ich habe dich zum Fressen gern«: So etwas eröffnen einander Verliebte oder sagt eine Mutter, wenn sie ihr Kind herzt. In der Sprache der Liebe ist offensichtlich alles erlaubt, sogar das Sich-den-Anderen-Einverleiben! Dieses Bildwort unterstreicht anschaulich, dass Liebe stets auf Einheit hin tendiert. Tatsächlich verwendet die christliche Tradition (z. B. Bernhard von Clairvaux, † 1153) häufig das Bild des Essens für innigste Verbindung von Gott und Mensch (*unio mystica*). Zugleich lässt es ahnen, dass sich Einheit zu einer zwiespältigen Sache entwickeln kann. Wenn die Mutter nicht zeitgerecht ihr Kind loslässt und dem Leben übergibt, verhindert sie gerade sein Leben, ja »tötet« sie es. Wenn Liebende einander total besitzen wollen, wird die Verbindung keine Dauer haben. Es geht also um die Frage: Wie versteht die christliche Mystik »heilige Kommunion«? Als Vereinigung oder gar Einheit mit Gott? Was für ein Einswerden ist da gemeint? Von der Antwort hängt viel, nein, alles ab! Diese scheinbar abstrakte Frage birgt ein gewichtiges philosophisches und in weiterer Folge theologisches Problem: Gott ist der Schöpfer, der Mensch das Geschöpf. Gott ist unendlich, der Mensch endlich. Wie ist dann zwischen Gott und Mensch Einheit möglich und denkbar? Schon früh begann christliche Theologie darüber nachzudenken. Anlass bot die Lehre über Jesus Christus, die schließlich zum Ergebnis kam: »Der ‚das Bild des unsichtbaren Gottes‘ (Kol 1,15) ist, er ist zugleich der vollkommene Mensch, der den Söhnen Adams die Gottebenbildlichkeit wiedergab, die von der ersten Sünde her verunstaltet war. Da in ihm die menschliche Natur angenommen wurde, ohne dabei verschlungen zu werden, ist sie dadurch auch schon in uns zu einer erhabenen Würde erhöht worden. Denn er, der Sohn Gottes, hat sich in seiner Menschwerdung gewissermaßen mit jedem Menschen vereinigt.«[15] Das entscheidende Wort ist »ohne verschlungen zu werden«. »Heilige Kommunion« passiert, wenn Gott und Mensch in tiefster Verbundenheit zusammenkommen bzw. sich wieder vereinigen – in äußerster Unterschiedenheit! Die Communio von Gott und Mensch im geheimnisvollen Begegnungsgeschehen, das Mystik genannt wird, bedeutet jedenfalls keine Auflösung der menschlichen Person. Um beim Bildwort von vorhin zu bleiben: Gott »frisst« den Menschen nicht. Das Ich hat in der innigsten Communio mit Gott weiter Bestand. Anders gesagt: Einheit mit Gott personalisiert und differenziert.

Dies ist auch an der heiligsten Dreifaltigkeit ablesbar. Sie ist das Urbild von Einheit und Unterschiedenheit. Der Heilige Geist ist die Einheit von Vater und Sohn. Als solcher ist er aber gerade für die Wahrung ihrer Differenz zuständig. Auch daran ist ablesbar: Die Vorstellung von Einheit, die der »heiligen Kommunion« christlicher Mystik entspricht, ist das Gegenteil von Verschmelzung. Viel steht also auf dem Spiel. Jeder Mystik liegt ein bestimmtes Verständnis von Wirklichkeit, von Welt und Mensch sowie, gegebenenfalls, von Gott zugrunde. Das Ausloten und Ausreizen letzter Möglichkeiten gehören zur Mystik. Aber sie kann eine durchaus »un-heilige Kommunion« gebären.

7.

MYSTIK ALS UN-HEILIGE KOMMUNION

Beginnen wir mit einem Beispiel: Führende Theoretiker der nationalsozialistischen Ideologie und Vertreter des NS-Regimes standen der Esoterik nahe. Esoterische Mystik ist, pauschalierend gesagt, anfällig für Vereinnahmung durch totalitäre Systeme. Ihr unreflektiertes All-Einheitsdenken gewährt dem Subjekt und der Freiheit des Ichs (und so der Kritik oder gar dem Widerstand) keinen Raum. Ein Streifzug in die Geschichte des Christentums belegt, wie sich da und dort selbsternannte Propheten, Phantasten oder gar psychisch Kranke mit ausgeprägtem Sendungsbewusstsein in die Geschichte des Glaubens einschrieben. Oft legitimierten sie sich selbst mit einer »mystischen Schau«. Schwärmerische Mystik hat also etwas Destruktives. Unterscheidung ist vonnöten.

DAS GOTTESBILD ENTSCHEIDET

Eine Mystik, in der Gott eine Rolle spielt, wird theistische Mystik genannt. Es ist naheliegend, dass in dieser Gattung alle Vorentscheidungen im jeweiligen Gottesbild fallen. Darum sei mit Saskia Wendel an das biblisch-christliche Gottesbild erinnert: Der christliche Glaube »speist sich aus einem konkreten Gottesverständnis, das in der Bibel tradiert ist: kein anonymer, all-einer Energie- oder Bewusstseinsstrom noch eine kosmische All-Einheit, kein unpersönliches ‚Etwas' als Grund der Welt offenbart sich da, sondern Gott, JHWH, der ‚ich

bin der, der ich für euch da sein werde'. Ein als Subjekt und Person bestimmtes Gegenüber also, ein von Welt und Mensch bleibend unterschiedener Gott, der die Welt nicht mit Notwendigkeit aus sich heraus gesetzt hat, sondern aus freiem Entschluss aus Nichts geschaffen hat. Ein Gott, der sich unwiderruflich an sein Geschöpf gebunden und ihm Heil zugesagt hat; ein Gott, der sich in der Geschichte selbst mitgeteilt hat und der in Jesus von Nazareth einer von uns geworden ist.«[16]
Daraus ergibt sich als wichtiges Unterscheidungskriterium die Freiheit: Gott ist absolut frei. Er hat aus Freiheit und Liebe den Menschen erschaffen. Gott lädt ein, er zwingt nicht. Sektenartige Abhängigkeitsverhältnisse zwischen »Erleuchteten« und denen, die noch nicht so weit sind, oder Gruppendynamiken zum Zweck der unbewussten Steuerung sind bereits für sich genommen »unheilige Kommunionen«. Positiv formuliert: Wo sich ein Machtverhältnis aus (angeblich) mystischer Quelle speist, ist ein entsprechendes Macht-Bewusstsein unerlässlich. Ein Macht-Bewusstsein weiß um die eigenen Interessen und Strukturen – und gibt darüber Bescheid!
Das christliche Gottesbild beinhaltet, wie Saskia Wendel zu Recht betont, die Selbstmitteilung Gottes in der Geschichte. Damit stehen wir vor einem weiteren Kriterium christlicher Mystik: Sie muss imstande sein, das Christusereignis zu integrieren. Es gibt Konzepte von Mystik, die das Konkrete, ja Anstößige der Inkarnation kaum mehr erkennen lassen. Sie driften weg in diffuse Höhen oder Tiefen. Dazu sei als Kontrast der by-

zantinische Theologe Theodor Studites († 826) zitiert: »Das Paradox der Menschwerdung ist, dass die göttliche Person des ewigen Wortes in den individuellen, persönlichen Gesichtszügen Jesu ‚umschreibbar' geworden ist.« Eine wichtige Frage ist also: Hat das Antlitz des Gekreuzigten in dieser Mystik (noch) Platz? Spielt Jesus Christus als das fleischgewordene Wort Gottes und als der Erhöhte, der die Wundmale trägt, (noch) eine Rolle? Eine der vielen, die diese Frage einbrachten, war Teresa von Ávila († 1582). Die große Reformatorin, Mystikerin und Kirchenlehrerin wollte nie, auch nicht im letzten mystischen »Durchbruch«, auf alles Bildhafte verzichten. Wenn Christus das Zentrum ist, muss das auch für die mystische Erfahrung gelten. Teresas Argument: Christus bleibt in alle Ewigkeit Mensch, also gestalthaft und bildhaft. Von daher ist es, so Teresa, nicht möglich, allein dem bildlosen Geheimnis des Göttlichen zu begegnen.

Gehen wir einen Schritt weiter. Das Gottesbild bedingt das jeweilige Bild vom Menschen. Das biblische Zeugnis sagt, dass Gott die Communio mit dem Menschen will. Gott denkt also groß vom Menschen! Hier liegt einer der Gründe für die Würde des glaubenden Individuums wie des Gottesvolkes. Der Umkehrschluss liegt auf der Hand: Eine Gottesrede, eine Spiritualität, eine Mystik, die den Menschen klein hält und schlecht macht, ist unbiblisch und unchristlich. Daraus wächst ein Zerrbild von Beziehung, freudlos und leistungsbetont, keine »heilige«, sondern »un-heilige Kommunion«.

Gott sieht den Menschen groß. Der Mensch ist in seinem Grund, so lehrt die christliche Überlieferung, *capax infiniti*, d. h. immens weit und damit fähig, dem Unendlichen zu ent-sprechen. Die »heilige Kommunion« von Gott und Mensch beansprucht den ganzen Menschen, fordert ihm auch das Letzte und Äußerste ab, zumal wenn sie den Weg der Mystik geht. Die Bibel kennt Beispiele (Jeremia, Jona etc.), dass Gott gelegentlich den Menschen überfordert. Wie reagieren wir, wenn uns eine Beziehung überfordert? Manchmal wachsen wir daran. Manchmal geraten wir aus dem Gleichgewicht und werden krank.

WELLNESS UNTERFORDERT

Einem populären Verständnis von Religion, Spiritualität und Mystik zufolge müssen diese dem Menschen »gut tun«. Eine solche Sichtweise ist nur zu unterstreichen, vorausgesetzt, man setzt gründlich und tief genug an. Ja, Religion, Spiritualität und Mystik tun gut, insofern sie aus dem Menschen das Beste herausholen. Aber, so ist zu fragen, muss dieser Prozess immer angenehm sein? Ist die Gottesbegegnung – und darum geht es – bekömmlich? Nach Auskunft der Bibel ist die Begegnung mit dem lebendigen Gott eher lebensbedrohlich: »Unser Gott ist verzehrendes Feuer« (Dtn 4,24; Hebr 12,29). Ihm gegenüber treten oder gar mit ihm, dem Geheimnisvollen, ringen, nimmt den Menschen her; es bleibt ein Hinken. Das stellt die Bibel gleich zu Beginn klar (Gen 32,23–33). Johannes Tauler († 1361), ein Vertreter der sog. Deutschen Mystik, macht darauf aufmerksam, dass Gottes Annäherung eine schmerzvolle Weitung des Inneren mit sich bringt: »Bei dem Frieden, den die wahren Gottesfreunde besitzen, haben sie auch eine Art Untrost. Das ist das Ausdehnen des ‚Netzes' (Lk 5,4–6): dass sie nämlich Gott nicht so viel sein können, wie sie gerne möchten, und dass auch Gott ihnen nicht so viel ist, dass es ihnen vollauf genug wäre … Kinder, kommt der Mensch ganz hinein in diesen Grund und dieses Wesen, seid gewiß, das Netz muß reißen. Wenn der Mensch zu solchem Fange kommt, dass er dies erreicht, so reißt notwendig die Natur, die hierzu zu schwach ist, also dass der Mensch keinen gesunden Tag mehr hat. Und dies muß gelitten sein, wie Sankt Hildegard schreibt: Gottes Wohnung pflegt nicht in einem gesunden Leibe zu sein, oder wie Sankt Paulus sagt: die Tugend wird vollbracht in der Schwachheit. Diese Schwachheit aber kommt nicht von der äußern Übung (Askese), sondern von dem Überfließen des Ergusses der überströmenden Gottheit, die einen solchen Menschen so überströmt hat, dass der arme irdische Leib es nicht ertragen kann.«[17]

Was sagt dieser Text? Ein Gott, der dem Menschen immer zu groß und zu viel ist, ruft diesen in seine Communio. Das bringt, sagt Tauler, Frieden, aber auch Untrost mit sich. Das ist überfordernd. Aber es tut dem Menschen im Letzten und Tiefsten gut, weil diese Begegnung Glück und Heil schlechthin bedeutet. Unheilig wäre demnach eine Communio, in der nicht Gott, sondern eigentlich der Mensch das Sagen hat, indem der Mensch Gott auf das eigene Maß reduziert und bekömmlich (Wellness!) zuschneidet. Das wäre, wie gesagt, eine deutliche Unterforderung. Der Mensch ist zu Größerem berufen.

BLOSS INDIVIDUELLE VERWIRKLICHUNG

Halten wir fest: Christlicher Mystik geht es um das Du. Sie richtet ihre Sehnsucht ganz auf eine Person, auf Gott. Sie wünscht nichts so sehr als das Vergehen in Gott hinein und das Wirken aus Gott heraus. Dieses Geschehen nimmt den Menschen total in Anspruch. Dabei macht der Mensch eine neue Selbsterfahrung. Aber diese wird nicht angezielt, im Gegenteil: Die großen christlichen Mystiker und Mystikerinnen wollten Gott erfahren, nicht sich selbst. Sie betonen: »Lass dich selbst!« Darüber hinaus unterstreichen viele Zeugnisse christlicher Mystik: Wenn Gott einen Menschen ganz packt und transformiert, entsteht daraus Neues – nicht nur für den Betroffenen. Dahinter steht das biblische Prinzip: Auserwählung und Begnadung mündet in die Sendung, in ein Leben-für. Je tiefer der Mensch in die Gottesbegegnung getaucht wird, umso engagierter hat er oder sie einen Auftrag für die Communio (Welt, Gesellschaft, Kirche) zu erfüllen. Pointiert formuliert, aber ohne Schwierigkeit durchzubuchstabieren an den großen Heiligen: Gottesnähe zieht Weltnähe, Nächstenliebe und Gesellschaftspolitik nach sich. Ignatius von Loyola war mit mystischen Einsichten beschenkt und berichtet auch darüber (z. B. im »Bericht des Pilgers«). Nach und nach erspürte Ignatius, worin der Sinn dieser Begabung lag: der Kirche seiner Zeit einen bisher noch kaum begangenen Weg in die Welt und in eine Mystik des tätigen Dienstes zu bereiten.

Kurz: In jede mystische Begabung ist das Du und das Wir als Kriterium der Unterscheidung einzubringen. Das Handeln Gottes mit der Schöpfung zielt auf Communio. Die Begnadung einzelner (auch die mystische) ist dazu bestimmt, der Gemeinschaft und der Heimholung der Menschheit in die Arme des dreieinigen Gottes zu dienen. Dass Gott nur einem Einzelnen etwas zeigen will, ist also undenkbar. Eine derartige, bloß auf das Individuum zugeschnittene Verwirklichung mystischer Einheit ist im Christentum nicht vorgesehen. Bliebe es dabei, würde, zumindest aus christlicher Sicht, der Begriff Kommunion nicht mehr passen.

Damit verlassen wir das Thema Mystik, das uns in den letzten beiden Kapiteln beschäftigt hat. »Heilige Kommunion« kann den Weg über die Mystik gehen. Aber keineswegs alles, was sich mystisch gebärdet, führt in die Communio des dreieinigen Gottes. Wie so oft ist eine Unterscheidung der Geister angebracht. Dafür entwickelten wir einige Kriterien. Andere, ebenso elementare, mussten unerwähnt bleiben.

Im nächsten Kapitel wenden wir uns der Welt zu. Welchen Stellenwert hat die Welt in jener »heiligen Kommunion«, die wir als Grundfigur christlicher Spiritualität betrachten?

8.

DIE WELT UMARMEN

Hier ist zunächst genauer zu fragen: Was meinst du, wenn du »Welt« sagst? Welcher Begriff von Welt liegt zugrunde? Aus Sicht der Bibel ist die Welt zuallererst die gute Schöpfung Gottes. Die »Entstehungsgeschichte von Himmel und Erde« (Gen 2,4a) mündet in den Satz: »Gott sah alles an, was er gemacht hatte: Es war sehr gut« (Gen 1,31). Der Schöpfergott rief die Welt ins Dasein und er erhält sie am Leben. Welt ist Schöpfung, die ihren Bezug zum Schöpfer bejaht. Aber »Welt« ist – gewissermaßen die Rückseite des Begriffs – auch jene menschliche Wirklichkeit, die sich Gott verschließt, ihm seine Liebe nicht glaubt und auf Misstrauen setzt. Davon spricht z. B. der Evangelist Johannes: »Das wahre Licht, das jeden Menschen erleuchtet, kam in die Welt. Er war in der Welt, und die Welt ist durch ihn geworden, aber die Welt erkannte ihn nicht« (Joh 1,9–10). Zur Welt in diesem zweitgenannten Sinn ist Distanz angebracht. Tatsächlich eignet ja dem Christentum eine gewisse Weltdistanz. Dafür steht z. B. das Mönchtum. Aber jeder Christ muss sich vor Augen halten: Licht und Schatten, Sünde und Gnade, Bejahung und Verweigerung – beides bestimmt die Welt. Der Mensch, und zwar ausnahmslos jeder, trägt beides in sich. Die Kluft geht mitten durch das eigene Herz. Christlicher Glaube sagt: Gott ist in genau diese »schillernde« Welt hineingegangen. Er ist in ihr Fleisch geworden (Inkarnation). Beides, Schöpfung und Inkarnation, ermöglicht eine spezifische, für christliche Spiritualität entscheidende Welt-Sicht.

DIE WELT IST SAKRAMENTAL

Rufen wir uns nochmals in Erinnerung, was der christliche Schöpfungsglaube aussagt: Der Schöpfergott rief die Welt ins Dasein. Er erhält sie am Leben. Von daher ist die gesamte Schöpfung »Wort«, das von Gott spricht. Die Welt als Schöpfung Gottes ist ein »Buch« Gottes, in dem wir lesen können und das uns den Autor erkennen lässt. Für diesen Zusammenhang bietet die religiöse Sprache den Begriff »Sakrament« an. Alles Geschaffene ist Sakrament, d. h. sichtbares Zeichen für den unsichtbaren, aber immer anwesenden Gott. Klarzustellen ist: Die Welt ist nicht Gott, sie ist von Gott unterschieden. Die Gabe Gottes ist nicht Gott. Aber die Welt ist sakramental, d. h. transparent für Gott. In ihrer Unterschiedenheit ist sie doch Ort seiner Gegenwart. Sich die Schöpfung als Lese-Buch Gottes vor Augen führen und wahr-nehmen – kann das nicht eine wunderbare Kommunion »unter vielerlei« (letztlich unendlich vielen!) »Gestalten« werden?

Die andauernde schöpferische Zuwendung Gottes zu seiner Schöpfung hat eine Dynamik der Verdichtung, einen Zug zum Konkreten. Gottes Liebe gipfelt sichtbar in Betlehem. Das Geheimnis der Inkarnation besagt: Gott wird Mensch in Jesus von Nazareth. Die Communio mit Gott ist seitdem unlösbar mit der Konkretheit der Menschheitsgeschichte verwoben. Gemeinschaft mit Gott ohne Welt und ohne Mitmensch ist seitdem ein »No-Go«, in christlicher Optik ein Ding der Unmöglichkeit! Wer die Gemeinschaft mit Gott ersehnt und anstrebt, kann dies seitdem nicht mehr ohne die Communio unter den Menschen und (bis zu einem gewissen Grad) ohne die Communio mit der Welt tun. Christlicher Spiritualität ist es nicht erlaubt, sich davonzustehlen und die Welt hinter sich zu lassen. Im Gegenteil: »Lernen wir«, schreibt Madeleine Delbrêl († 1964), »dass es nur eine einzige Liebe gibt: wer Gott umarmt, findet in seinen Armen die Welt; wer in seinem Herzen das Gewicht Gottes aufnimmt, empfängt auch das Gewicht der Welt.«[18] Dem Christentum wird häufig Leibfeindlichkeit vorgeworfen. Zweifellos gab es derartige Einflüsse zu bestimmten Zeiten. Sie erweisen sich als überaus wirkmächtig. Wo jedoch Schöpfung und Inkarnation als die großen Erweise der Liebe Gottes im Blick bleiben, kann die Materie nicht mehr gering geachtet werden. Der bedeutende byzantinische Theologe Johannes von Damaskus († 749) stellt klar: »Ich bete nicht die Materie an, sondern ich bete den Schöpfer der Materie an, der um meinetwillen selbst Materie wurde und es auf sich nahm, in der Materie zu leben, der mittels der Materie meine Rettung ins Werk setzte.«[19] Kurzum: Die Schöpfung ermöglicht »heilige Kommunion« mit Gott. Denn sie ist Sakrament, sichtbares Zeichen für Gott, der unsichtbar und doch da ist. Aber die Bibel sagt noch mehr: Die Schöpfung trägt bereits die Spuren Christi.

ADVENT DER SCHÖPFUNG

Über dieses Thema meditiert der Evangelist Johannes, etwa im Prolog seines Evangeliums: Der Sohn (das Wort, das Licht) »kam in sein Eigentum« (Joh 1,11). Alles, was ist, hat in Jesus Christus immer schon sein Urbild. Obwohl noch nicht sichtbar, steht Jesus Christus (so wie der Vater) von Anbeginn in einem schöpferischen Bezug zum Universum. Auch der Verfasser des Kolosserbriefes ist von diesem Aspekt fasziniert. Der Christushymnus in Kol 1 preist Christus als »Erstgeborenen der ganzen Schöpfung« (Kol 1,15), der »vor aller Schöpfung« (V 17) und überhaupt »Ursprung« (V 18) ist. Diese Aussagen über den universalen Christus eröffnen die Möglichkeit, mystische Kommunion kosmisch zu deuten: als geisterfüllte Einheit, die das All, das Reich Gottes, die Kirche durchatmet und erfüllt. Das mag ein klein wenig esoterisch klingen. Tatsächlich geht es um die Hereinnahme der Schöpfung in die »heilige Kommunion«.

Diese biblischen Spuren wurden in der Geschichte des Glaubens da und dort aufgenommen. Es sind jene Stimmen, welche die gesamte Schöpfung als eine einzige große Vorbereitung für das sichtbare Kommen des Gottessohnes betrachten. Dazu zählt neben Bonaventura († 1274) vor allem Duns Scotus († 1308). Sie ließen sich von der Spiritualität des Franz von Assisi († 1226) inspirieren. Duns Scotus ist überzeugt: Gott wäre auch Mensch geworden, »wenn Adam nicht gesündigt hätte«. Die Menschwerdung Gottes ist, so der Schotte, der Höhepunkt im Heilsplan Gottes. Seine »herrliche Gnade« (Eph 1,6) führt Gott immer tiefer in die Welt und näher zum Menschen. Dieser fortschreitende Prozess der Weltwerdung Gottes gipfelt in Betlehem. Die Menschwerdung Gottes ist ein freier schöpferischer Akt Gottes, nicht verursacht und bedingt durch den Sündenfall. In der jüngeren Vergangenheit entfaltete der bereits erwähnte Pierre Teilhard de Chardin SJ ebenfalls eine universale Perspektive Gottes und der Wirklichkeit Christi.

Für unseren Zusammenhang ist dies von Belang: Auch durch die Welt »hindurch« (Teilhard spricht von *Diaphanie*) kann sich »heilige Kommunion«, nämlich Vereinigung mit Christus ereignen. Die Welt ist nicht nur auf den Schöpfer, sondern auch auf den Logos, auf die zweite göttliche Person hin lesbar. Wenn es Gottes ewiger Plan war, dass das Wort des Vaters Mensch werden soll, muss dann nicht die ganze Schöpfung Spurenelemente in sich bergen, die auf Christus hinweisen? Ignatius von Loyola schreibt in einem Brief an seine Gefährten: »Wir müssen alle Kreatur betrachten, nicht wie sie in sich schön und liebenswert ist, sondern wie sie gebadet ist im Blute Christi, ein Bild Gottes, ein Tempel des Hl. Geistes.« Ganz auf dieser Linie notiert ein genialer Jünger des Ignatius, Gerald Manley Hopkins SJ – er starb 1889 mit 45 Jahren und darf als einer der bedeutendsten zeitgenössischen Dichter Englands gelten –, in sein Tagebuch: »Heute sah ich eine Glockenhyazinthe, wie ich noch nie eine so schöne gesehen habe. Ich weiß durch sie von der Schönheit *unseres Herrn*.«[20] Die

Geschöpfe strahlen die Herrlichkeit ihres Schöpfers wider. Ja, aber da ist noch »mehr«, nämlich die Abbildhaftigkeit des menschgewordenen Gottessohnes.
Im Übrigen: Lässt nicht jede Feier der heiligen Messe etwas davon aufblitzen? Die schlichten Gaben von Brot und Wein stehen für die gesamte Schöpfung, für den Kosmos. Die heilige Messe hat eine kosmische Dimension: Das Geschaffene wird »konsekriert«, verwandelt in den Leib des auferstandenen Christus. Er ist das Alpha und das Omega (Offb 1,7–8). So dient jede Feier der Eucharistie der Vollendung der Welt. Das »Seufzen« der Schöpfung, ihre »Geburtswehen« (Röm 8,22) werden in Danksagung verwandelt.
Diese wahrhaft universale Aussicht erinnert erneut: »Heilige Kommunion« (bezogen auf die Feier der Eucharistie oder auf christliche Spiritualität generell) meint nie nur mich allein. Die Anderen, Kirche und Gesellschaft, Welt und Kosmos – alle sind dabei. Wer die Augen schließt, um der Gemeinschaft mit Jesus Christus inne zu werden, wird sie danach wieder öffnen wollen, um andere mitzunehmen.

DIE AUGEN NICHT SCHLIESSEN

Wir schließen die Augen nicht nur, um einzuschlafen. Wir tun es, um weniger abgelenkt zu sein; um tiefer in uns hinein zu hören; um sich vor einer Aufgabe zu konzentrieren; aber auch, weil ein Essen so gut schmeckt;

weil alles auf die Nerven geht; weil ein Anblick unerträglich ist. »Mystik« leitet sich vom griechischen Wortstamm *mýein* her. Das bedeutet »die Augen schließen«. Gemeint ist ein inneres Schauen. Das Schließen der äußeren Augen hilft, innere Wirklichkeiten zu entdecken.

Als Franz von Assisi noch auf der Suche war, wohin ihn die große Wende seines Lebens führen sollte, begegnete er auf einer Reise einem Aussätzigen. Das war für Franziskus kein neuer Anblick. Und doch, diesmal hatte er wirklich die Augen offen: Franziskus steigt vom Pferd und umarmt den Aussätzigen (berichtet der Biograph Thomas von Celano). Das war »heilige Kommunion«! Ob Franziskus in diesem Moment an das Jesuswort »Was ihr dem Geringsten meiner Brüder getan habt, das habt ihr mir getan« (Mt 25,40) gedacht hat, wissen wir nicht. Mit geistlicher Intuition tut er, was er tun muss, weil er dem armen Jesus nachfolgen will. Der Aussätzige war das Sakrament der Gottesbegegnung. Im Blick auf die Tätigkeit in den Slums sagt Mutter Teresa († 1997): »Wir berühren den Leib Christi jeden Tag 24 Stunden lang. Wir leben 24 Stunden in seiner Gegenwart.« Die sakramentale Struktur christlicher Spiritualität wird anstößig-konkret in der Begegnung mit dem Armen. Um ihn und die Not zu sehen, ist es nötig, die Augen zu öffnen. Das mag banal klingen. In Wahrheit steht eine geistliche Entscheidung dahinter, sich der ganzen Wirklichkeit zu stellen. Für gewöhnlich nimmt mit dem Alter das Sehvermögen des Menschen ab. In der Glaubensbiographie sollte es umgekehrt sein: Hier hat die »Sehschärfe« im beschriebenen Sinn zuzunehmen. Sie wäre ein Indiz, auf dem richtigen Weg zu sein.

Damit haben wir wieder ein Kriterium christlicher Spiritualität und Mystik. Das spirituelle Erlebnis als »geistliches Naschen« oder Mystik als Gefühlszustände, in denen es ums eigene Wohlbefinden geht – das kann bestenfalls ein Zwischenstadium sein. Die »heilige Kommunion« muss über das Private hinausgehen und in einer »Mystik der offenen Augen« (Johann B. Metz) Not sehen und konkret angehen (und sei es nur in einem kleinen Zeichen). Das erinnert an das umfassende Verständnis »eucharistischer Andacht«, wie wir es oben verstehen wollten. Eucharistie muss folgenreich sein. Gustavo Gutiérrez, einer der Gründungsväter lateinamerikanischer Befreiungstheologie, führt dazu aus: »In der Eucharistie feiern wir Kreuz und Auferstehung Christi, sein Hinübergehen vom Tod zum Leben und unser Hinübergehen von der Sünde zur Gnade … Befreiung von der Sünde ist der Kern jeder politischen Befreiung. Erstere macht sichtbar, was bei der letzteren wirklich auf dem Spiel steht. Umgekehrt setzt Gemeinschaft mit Gott und den Mitmenschen die Überwindung aller Ungerechtigkeit und aller Ausbeutung voraus … Für die Juden war die gemeinsame Mahlzeit ein Zeichen der Geschwisterlichkeit, das die Teilnehmer zu einer Art heiligen Pakts zusammenschloss. Auf der anderen Seite stellen Brot und Wein Zeichen der Geschwisterlichkeit dar und deuten zugleich auf das Geschenk der Schöpfung hin. Die Materie der Eucharistie birgt einen solchen Bezug in sich und erinnert daran, dass Geschwisterlichkeit im Willen Gottes wurzelt, allen Menschen die Güter dieser Welt zu überantworten, damit sie eine menschliche Welt schaffen.«[21]

Halten wir an dieser Stelle kurz inne: Wir haben über »heilige Kommunion« als Leitmotiv christlicher Spiritualität« eine Reihe von Gesichtspunkten gesammelt. Ihnen gemeinsam ist die Konkretheit. Sie rührt von der Fleischwerdung Gottes in Jesus von Nazareth her. Gibt es Konkreteres als das Scheitern von Beziehungen und Gemeinschaft? Holt nicht der handfeste Konflikt jeden herunter auf den Boden der Tatsachen? Was bleibt dann von der »heiligen Kommunion«?

9.

VERGEBUNG ALS »HEILIGE KOMMUNION«

Wir leben in einem Geflecht von Beziehungen: beglückende und belastende, freundschaftliche und distanzierte, dankbare und schuldhafte. Manche sind unabänderlich. Sie sind ohne unser Zutun so, wie sie nun einmal sind. Manche hat das eigene Tun und Lassen belastet oder gar zum Scheitern gebracht. Lässt sich daran (noch) etwas ändern? Die Krise, der Konflikt, das Scheitern – sie stellen den Testfall, die Nagelprobe »heiliger Kommunion« dar.

WER MACHT DEN ANFANG?

Der Konflikt hatte sich lange angebahnt oder ist wie ein Blitz aus heiterem Himmel gefahren. Jetzt, nach dem Zerwürfnis, ist die Atmosphäre belastet. Danach ist davor: Wie soll es weitergehen? Wer setzt den Anfang? Viele Gedanken kreisen um das »Zuerst muss er …« oder um das »Bevor sie nicht …«. Die Erfahrung zeigt, dass für einen Neuansatz nicht jeder Zeitpunkt geeignet ist. Der Zeitfaktor ist wichtig, weil Wunden Zeit brauchen, um zu heilen. Vertrauensbildende Maßnahmen können vielleicht erst nach und nach akzeptiert werden. Wiedergutmachung und menschliche Reifungsprozesse benötigen Zeit. Dennoch bleibt die Frage: Wer macht den Anfang? Das Evangelium ist nicht zuletzt deshalb Frohe Botschaft, weil Gott die Frage nach dem Zuerst nicht stellt! Gott macht den ersten Schritt. Im Gleichnis vom barmherzigen Vater (Lk 15,11–32) wartet dieser auf die Rückkehr des Sohnes: »Sein Vater sah ihn schon von weitem kommen, wurde von Mitleid bewegt, lief herbei, fiel ihm um den Hals und küsste ihn« (V 20). Hier steht nichts von Vorbedingungen. Die Initiative zur Heilung geht von Gott aus. Jesus ist »gekommen, um zu suchen und zu retten, was verloren ist« (Lk 19,10). Wenn Gott durch und in Jesus Christus »die trennende Scheidewand niedergerissen« hat (Eph 2,14), müsste das Konfliktpartner nachdenklich machen. Wäre es nicht doch an der Zeit, einen Schritt auf den Anderen zuzumachen – womöglich den ersten? Deshalb sagt der Epheserbrief ganz schlicht: »Vergebt einander, weil auch Gott euch durch Christus vergeben hat« (4,32). Wer sich das göttliche Zuvorkommen zu Herzen nimmt (im Ursinn des Wortes), wird darin das Motiv finden, Versöhnung entschlossen anzugehen.

DAS UNVERZEIHLICHE VERZEIHEN

Allerdings: Vergebung und Versöhnung sind ein Wagnis. Sie bedeuten einen Schritt über uns hinaus. Das Unverzeihliche verzeihen ist eigentlich keine menschliche Möglichkeit. Es führt an die Grenze der eigenen Kraft und der eigenen Sicht. Wann immer diese Grenze spürbar wird, kommen wir dem Kreuz Jesu nahe. Verzeihen beinhaltet eine spezifische Grenzerfahrung und Grenzüberschreitung. Dies meinte Bischof Klaus Hemmerle († 1994), als er schrieb: »Es geht nicht! – so müssen wir beinahe immer sagen, wenn es wirklich ernst wird gegenüber Gott, gegenüber dem Nächsten und mit uns selbst. Es geht nicht! Einzig der Schritt Jesu durch die verschlossene Tür findet und bahnt den Weg. Der Geist wird nur dort frei, Gemeinschaft wird nur dort gestiftet, wo wir mit Jesus, dem am Kreuz von Gott und den Menschen Verlassenen, die Mauer durchbrechen und dabei die Grenze als Grenze erfahren. Die Bedingung für Geist und Gemeinschaft, für Spiritualität und Communio ist das Kreuz. Hier erst geschieht wahrhaft Beziehung. Nur wer verliert, der findet; wer bewahren will, der verliert. Nur das Samenkorn, das in die Erde fällt und stirbt, bringt Frucht (vgl. Joh 12,24f.). An dieser Stelle entscheidet sich, ob ich bloß mich selber suche und deswegen auch bloß mich selber finde und mit mir allein bleibe oder ob Überschritt, Leben, Gleichzeitigkeit der Ursprünge gelingt.«[22] Nichts anderes als diesen Überschritt meint die Vaterunser-Bitte »Vergib uns unsere Schuld, wie auch wir vergeben unseren Schuldigern«. Gut möglich, dass die Brisanz dieser Gebetsbitte durch jahrzehntelangen frommen Staub verdeckt ist. Wahrscheinlich wird man nicht immer alles bereinigen können. Gelegentlich sind ungute Beziehungen nur mit Geduld, gepaart mit grundsätzlichem Wohlwollen zu ertragen. Manchmal bleibt nur ein taktvoller Umgang mit Unheilbarem, der auf Schadensbegrenzung abzielt. Aber wo sich eine Gemeinschaft am Evangelium orientiert, lebt sie aus der Vergebung und der je neuen Vergebungsbereitschaft. Kurz: »Heilige Kommunion« wird im Verzeihen getestet.

TOD DER FEINDSCHAFT

Teresa von Ávila wusste mit angeblichen geistlichen Erfahrungen nüchtern umzugehen. Sie prüfte deren Qualität an der Bereitschaft, Beleidigungen zu vergeben: »Wenn eine Seele aus den Gebetserfahrungen, die Gott ihr schenkt, und aus der vollkommenen Kontemplation nicht mit großer Entschlossenheit, jede schwere Beleidigung zu vergeben, hervorgeht und diese bei sich bietender Gelegenheit nicht auch ins Werk setzt – dann halte ich nicht viel von ihrem Gebet.«[23] Es ist leichter, durch Meditationstechniken innere Erlebnisse und Bilder hervorzubringen, als von Herzen zu vergeben. Wo wird diese Bereitschaft mehr gefordert als in der Feindesliebe? Jesus hat sein Gebot der Feindesliebe (»Liebet eure Feinde und betet für die, die euch verfolgen«, vgl. Mt 5,44) am Kreuz gelebt, als er rief: »Vater, vergib ihnen, denn sie wissen nicht, was sie tun!« (Lk 23,34). Nach seinem Tod reicht die Linie von Stephanus (»Herr, rechne ihnen diese Sünde nicht an!«, vgl. Apg 7,60) bis in die Gegenwart. Christian de Chergé, der Prior von Tibhirine, nannte seinen Mörder »Freund der letzten Minute«. Nur Gott bekannt sind die Ungezählten, die gleichfalls vor ihrem Tod ihren Verfolgern vergaben und so Christus je neu repräsentierten. Die »heilige Kommunion« mit dem Feind ahmt Gott nach, der durch Christus »in seiner Person die Feindschaft getötet« hat (Eph 2,16). Einmal mehr werden wir dabei an die Eucharistie verwiesen. »In der Nacht, da er verraten wurde«, so beginnt der Einsetzungsbericht der heiligen

Messe (3. Hochgebet). In der freiwilligen Hingabe seines Lebens wandelt Jesus die Nacht des Verrats in Licht. Aus Tod wird Leben. Wenn ein Mensch sich übersteigt und auf Fluch mit Segen antwortet, muss der Liebesgeist Gottes in ihm am Werk sein. Denn dies ist, um es nochmals zu unterstreichen, keine menschliche Möglichkeit.

»Heilige Kommunion«, die Grundfigur christlicher Spiritualität: Der rote Faden ist die Sehnsucht Gottes nach Gemeinschaft mit dem Menschen. Von nichts anderem erzählt die Bibel. Es ist eine wechselvolle Geschichte. Das Auf und Ab entsteht durch die sündige Neigung des Menschen, sich der Einladung Gottes zu verweigern – mit verhängnisvollen Konsequenzen. Dennoch: Gott bleibt treu. Um die Communio zu realisieren, beruft Gott einzelne Menschen und ein Volk. Gott will mit dem Menschen zusammenwirken.

10.

GOTT WILL
MIT-LIEBENDE

Zum Ende unserer Ausführungen hin begeben wir uns noch einmal in den Kern christlicher Rede von Gott. Ein klassischer Grund-Satz der Theologie lautet: Die Schöpfung wirkte Gott alleine; die Erlösung hingegen setzt Gott gemeinsam mit dem Menschen ins Werk. Gott will, dass der Mensch an seiner Erlösung mitwirkt.

GOTT BERUFT MENSCHEN ZUR MITARBEIT

Duns Scotus sagt das so: Gott will Mit-Liebende.[24] Es ist eine Art Kurzformel christlichen Glaubens und Spiritualität. Dieser Satz besagt, wer und wie Gott ist. Das Geheimnis, das wir Gott nennen, ist Liebe. Gott hat ein Wollen. Gott will das Geschöpf. Gott will den Kosmos, die Erde. Gott will den Menschen, als besonderes Geschöpf und Gegenüber, mit Freiheit und Wollen ausgestattet.

»Gott will Mit-Liebende« benennt auch prägnant die Berufung des Menschen. Es ist die Liebe. Der Mensch hat eine Bestimmung. Es ist nicht Arbeit, nicht Leistung, nicht Konsum. Der Mensch ist berufen, über sich hinauszuwachsen und zu lieben. Als Liebender erhofft Gott eine Antwort der Liebe vom Menschen. Gott will keine Normerfüller, sondern Liebende, die sich ihm zurückschenken.

An dieser Stelle ist es wichtig, das kleine Suffix *Mit* von »Mit-Liebende« (*con-diligentes*) gebührend zu beachten. Es beinhaltet nämlich dies: Gott denkt groß vom Menschen! Gott will das Geschöpf brauchen, es einbinden in seine alles umfassende Liebe. Gott befähigt den Menschen, an der Vollendung der Welt in Liebe mitzuarbeiten. Der Mensch ist dazu da, an der Hand Gottes ein Stück Welt und eine Handvoll anderer Menschen in Liebe nach Hause zu bringen, sie in Liebe »heimzusuchen«, nachdem sie heimatlos geworden waren. Die Theologie nennt das »geschöpfliche Vermittlung«, was so viel bedeutet wie: Gott will es nicht alleine machen. Denn er achtet sein Geschöpf und er befähigt es zur Mitarbeit. Das ist christlicher Spiritualität (und speziell katholischer) wesentlich.

SENDUNG

Dem eigenen Leben einen Sinn geben und sich in ein großes, umfassendes Projekt einzubringen, ist Sehnsucht vieler Menschen. Das betrifft zunächst die junge Generation. Die Jungen fragen, was sie mit ihrem Leben anfangen sollen. In späteren Jahren zeigt sich die Sinnfrage an den Übergängen. Die Midlifecrisis, der Verlust eines Arbeitsplatzes, die Genesung nach einer Krankheit, das Ende einer Beziehung, der Wechsel in den Ruhestand fordern eine Neuausrichtung ein. Im Hinblick darauf ist der Satz »Gott will Mit-Liebende« programmatisch. Er beinhaltet: Gott ist jemand, der auf die phantasievolle Mit-Liebe des Menschen angewiesen sein will. Christliche Spiritualität spricht dem Menschen eine Berufung zu. Der oder die Glaubende darf im Wissen leben: Gott will mich brauchen. Ich habe eine Sendung. Auf geheimnisvolle Weise passt sie zu mir (auch wenn sie mir nicht immer passt …). Es geht darum, andere in die »heilige Kommunion« von Gott und Mensch hereinzuholen.

»Sendung« zählt somit zu den Basics christlicher Spiritualität. Sie gründet in der Sendung und Fleischwerdung des Logos, des göttlichen Wortes. Von daher wird deutlich: Christliche Spiritualität kann sich Selbstgenügsamkeit nicht leisten. »Wenn du die Wüste liebst, vergiss nicht, dass Gott die Menschen lieber sind«, rät der »kleine Mönch« Madeleine Delbrêls, eine liebenswerte und weise spirituelle Comic-Figur.[25] Der Sendungsauftrag des Auferstandenen (z. B. Mt 28,16–20) ist weiterhin gültig. Er ist universal (»Geht zu allen Völkern«), aber zugleich ganz konkret und meist unspektakulär.

Sendung bedeutet das Wissen, dem Reich Gottes dienen zu können, was auch immer mein Leben ausmacht. Dem Reich Gottes dienen und der eigenen Sendung nachkommen – wie geht das? Dies geschieht zunächst im Sein. Im Christentum gehen das Sein und das Dürfen dem Sollen und dem Müssen voraus. Es verkündet ein neues Sein in Christus, eine »Neuschöpfung« (2 Kor 5,17). Der glaubende Mensch sucht dieser neuen, in Christus geschenkten Lebensqualität zu ent-sprechen. Die wichtigste Antwort ist das Gebet. Wer sich bemüht, ein Mensch des Gebetes zu werden, ist bereits aktiv für das Reich Gottes. Eine weitere Weise, der heiligen Kommunion von Gott und Mensch zu dienen, ist das Leiden.

Da hier Missverständnisse möglich sind, ist ein genaues Hinschauen angebracht. Es geht um ein Leiden, das mit menschlichen Mitteln nicht wegzubringen ist. So kann unter Umständen eine Krankheit dem Menschen »bei der Verfolgung des Zieles helfen, zu dem hin er geschaffen ist«, nämlich »Gott unseren Herrn zu loben« und ihm zu dienen (Ignatius von Loyola, Geistliche Übungen Nr. 23). Diese drei genannten Weisen (Sein, Beten, Leiden) machen einen passiven Eindruck – und sind doch hochaktiv! Zu guter Letzt kann sich der Mensch für das Reich Gottes senden lassen, indem er etwas tut, verrichtet und arbeitet. Stimmen die Vorzeichen, sind hier der Vielfalt keine Grenzen gesetzt: »Ob ihr also esst oder trinkt oder etwas anderes tut: Tut alles zur Verherrlichung Gottes« (1 Kor 10,31).

Wir sahen: Gott ist eine Communio der Liebe. So gesehen ist es folgerichtig, dass nur ein communialer Mensch dem communialen Gott entspricht. Damit ist eine Zielvorstellung formuliert. Sie will anspornen, gemeinsam den Weg der Christusnachfolge zu gehen und gemeinsam anzukommen.

GEMEINSAM ANKOMMEN

Hier, am Ende unserer Überlegungen zur »heiligen Kommunion«, dem Leitmotiv christlicher Spiritualität, kommen wir noch einmal auf die Kirche zu sprechen. Sie ist dazu da, andere in die heilige Kommunion hereinzuholen. Die wichtigste Person der oben beschriebenen Sendung ist der Heilige Geist. Er ist in den Herzen der Menschen wie in verschiedenen Kulturen und Völkern längst am Werk. Die Communio der Kirche erstreckt sich auch auf diejenigen, die vorausgegangen sind. Die »Gemeinschaft der Heiligen« (*communio sanctorum*) ist ebenfalls eine »heilige Kommunion«. Die Kirche ist das vorweggenommene, sichtbare Zeichen dieser umfassenden Communio im Haus des Vaters, der *alles in allen* (vgl. 1 Kor 15,28) werden will. Gottes Sehnsucht ist, das ganze Menschengeschlecht zum ewigen Hochzeitsmahl im Himmelreich zu versammeln. Die irdische Kirche ist mit der sogenannten himmlischen Kirche eng verbunden, vor allem in Liturgie und Gebet. Jede Feier der Eucharistie, so bescheiden der äußere Rahmen sein mag, ist in der Optik des Glaubens ein Vorentwurf des himmlischen Hochzeitsmahles. Alle sind dazu geladen. Heilige Kommunion beinhaltet eine Hoffnungsperspektive für die ganze Welt und für alle Menschen. Nur die eigene Haut retten, geht nicht. Alle Menschen, ja die gesamte Schöpfung, die sehnsüchtig auf Erlösung wartet (vgl. Röm 8,19.22), sollen in den Raum dreifaltiger Liebe geborgen werden.

ANMERKUNGEN

1 Vgl. dazu Hildegard Aepli, Single – und wie?! Erfülltes Leben mit unerfüllten Wünschen, Würzburg 2012.

2 Zum Folgenden s. Gotthard Fuchs, »Was Gott hofft, das wage ich«, in: KatBl 133 (2008) 87–95 (hier 89–90).

3 Hans Urs von Balthasar, Katholisch. Aspekte des Mysteriums, Einsiedeln 1975, 77.

4 Joseph Ratzinger, Einführung ins Christentum, München [11]1968, 65.69.

5 Zum Folgenden s. Guido Fuchs, Einen sah ich sterbend in das Leben gehen, Regensburg 2011, 51–52.

6 Vgl. zum Folgenden Meinrad Dufner, Gottestäter. Die Gefahr negativer Gottesbilder, Münsterschwarzach 2012, 77–78.

7 Die Eucharistie: Communio mit Christus und untereinander. Theologische und pastorale Überlegungen zur Vorbereitung auf den 50. Eucharistischen Weltkongress, Dublin, Irland, 10. bis 17. Juni 2012. Hg. v. Deutschen Liturgischen Institut, Trier 2012, Nr. 17 (14).

8 Dufner, Gottestäter (Anm. 6), 33.

9 Ignatius von Loyola, »Gott suchen in allen Dingen«. Hg. v. Josef Stierli, Olten u. Freiburg i. Br. 1981, 164–165.

10 Iso Baumer, Die Mönche von Tibhirine. Die algerischen Glaubenszeugen – Hintergründe und Hoffnungen, München 2010, 101.

11 Die Einheitsübersetzung verwendet an dieser Stelle »braun«, die Herder-Übersetzung »schwarz«. Die Kommentare der Kirchenväter heben, um den Kontrast hervorzustreichen, die *Schwärze* der Braut hervor.

12 Albert Görres, Erneuerung durch Tiefenpsychologie?, in: Albert Görres / Walter Kasper (Hg.), Tiefenpsychologische Deutung des Glaubens? Anfragen an Eugen Drewermann, Freiburg i. Br. 1988, 134.

13 Mechtild von Magdeburg, Das fließende Licht der Gottheit, IV 12.

14 Pierre Teilhard de Chardin, Das göttliche Milieu. Ein Entwurf des innern Lebens, Olten [7]1969, 89.

15 II. Vatikanisches Konzil, Gaudium et spes 22.

16 Vgl. Saskia Wendel, Der »Patchwork–Gott«. Das christliche Gottesverständnis angesichts der Renaissance des Religiösen, in: Severin J. Lederhilger (Hg.), Die Marke »Gott« zwischen Bedeutungslosigkeit und Lebensinhalt, Frankfurt 2008, 107.

17 Johannes Tauler, Predigt 41.

18 Zitiert in: Annette Schleinzer, Die Liebe ist unsere einzige Aufgabe. Das Lebenszeugnis von Madeleine Delbrêl, Ostfildern [3]2006, 217.

19 Johannes von Damaskus, Contra imaginum calumniatores oratio I,16: PTS 17,89.

20 Beide Zitate (Ignatius und G.M. Hopkins) in: Friedrich Wulf, Die irdischen Güter auf dem Weg des Glaubenden zu Gott, in: ders., Gott begegnen in der Welt. Erfahrungen des Glaubens, Würzburg 1988, 21–48 (hier 44).

21 Gustavo Gutiérrez, Theologie der Befreiung, Mainz [10]1992, 320.

22 Klaus Hemmerle, Spiritualität und Gemeinschaft, in: Joseph Sauer (Hg.), Lebenswege des Glaubens, Freiburg u. a. 1978, 87.

23 Teresa von Ávila, Weg der Vollkommenheit 65,1 (Vollständige Neuübertragung, Ges. Werke Bd. 2), Freiburg i. Br. 2003, 292–293.

24 Der Satz lautet im Lateinischen: Deus vult alios habere condiligentes (Opus Oxoniense III d. 32 q. 1 n.6).

25 Madeleine Delbrêl, Der kleine Mönch. Ein geistliches Notizbüchlein, Freiburg i. Br. [5]1983, 70.

Zitate aus der Heiligen Schrift sind entnommen aus: Die Bibel. Einheitsübersetzung der Heiligen Schrift, herausgegeben von der Katholischen Bibelanstalt, Stuttgart 1980.